외국인 유학생을 위한

생각과 표현을
키우는
교양 한국어

저자 소개

한상철 : 목원대학교 기초교양학부 교수

강연임 : 목원대학교 한국어 문화예술학부 교수

장수경 : 목원대학교 기초교양학부 교수

외국인 유학생을 위한

생각과 표현을 키우는 교양 한국어

2026년 2월 27일 초판 1쇄 펴냄

지은이 한상철·강연임·장수경
발행인 김흥국
펴낸곳 보고사

등록 1990년 12월 13일 제6-0429호
주소 경기도 파주시 회동길 337-15
전화 031-955-9797 팩스 02-922-6990
메일 bogosabooks@naver.com
http://www.bogosabooks.co.kr

ISBN 979-11-6587-981-5 93710
ⓒ한상철·강연임·장수경, 2026

정가 17,000원

외국인 유학생을 위한

생각과 표현을 키우는 교양 한국어

한상철 · 강연임 · 장수경

보고사
BOGOSA

머리말

이 책은 낯선 나라에서 학문의 길을 걷고 있는 외국인 유학생들을 위해 만들어진 교양 한국어 교재입니다. 한국의 언어와 문화를 배우려는 사람들이 늘어나면서 해마다 많은 외국인들이 바다를 건너 한국의 여러 대학에 입학하고 있습니다. 그중에는 한국어를 충분히 공부하고 온 분들도 있지만, 아직 한국어가 익숙하지 않은 유학생들도 많습니다. 그러다 보니 대학 생활을 시작하며 갖게 되는 설렘이나 기대보다는 막연한 두려움을 지닌 채 강의실에 오는 유학생들을 종종 만나게 됩니다.

한국어가 익숙하든 혹은 그렇지 않든, 대학에서 이루어지는 학업을 제대로 이어가기 위해서는 기본적인 준비가 필요합니다. 무엇보다 한국어로 일상적인 대화를 나누는 수준을 넘어설 수 있어야 합니다. 대학이라는 학문 공동체에 적응하려면 내 생각과 감정을 정확하게 표현하고, 논리적으로 설득하는 능력이 필요하기 때문입니다. 이와 함께 다른 사람들의 비판적 시각을 수용할 줄 아는 성숙한 태도 역시 중요합니다. 하지만 학업에 필요한 한국어 능력을 갖추는 것은 결코 쉬운 과정이 아닙니다.

이 교재는 외국인 유학생들이 한국의 대학 교육에 보다 빨리 적응할 수 있도록 기본적인 학습 능력을 기르는 데 주안점을 두고 만들어졌습니다. 한국어라는 도구를 통해 여러분의 내면에 잠재된 창의적인 생각들을 깨우고, 이를 정교한 문장과 세련된 담화로 완성해 나가는 여정을 도울 수 있었으면 좋겠습니다. 교재의 주요 내용은 유학생들이 대학 강의실이나 사회적 관계 속에서 마주하게 될 다양한 상황을 고려하여 편성되었습니다.

제1부는 한국어 말하기를 중점적으로 다루고 있습니다. 먼저 말하기의 기본이 되는 나에 대한 소개로 시작하여, 다른 사람과 정서적으로 교감할 수 있는 소통 능력을 기를 것입니다. 다음으로 상대방의 말과 글에서 메시지를 파악하는 방법에 대해 배우고자 합니

다. 이러한 과정을 거치고 나면 정의와 예시, 비교와 대조라는 정교한 도구를 활용하여 자신의 주장을 한국어로 발표하는 학술적인 말하기 훈련에 집중할 것입니다.

제2부는 한국어 글쓰기를 중심으로 편성되어 있습니다. 무엇을 쓸 것인지 고민하는 글감 찾기에서 시작하여, 내가 찾은 자료나 정보를 요약하는 능력을 기르는 것이 우선입니다. 다음으로 한 편의 글을 작성하기 위한 과정을 세 단계로 나누어 연습하게 됩니다. 첫째, 글의 목적과 방향을 설정하는 주제 정하기를 익힐 것입니다. 둘째, 글의 뼈대를 세우는 개요 짜기를 연습한 후, 마지막으로 그 뼈대에 살을 붙여 논리적 완결성을 높이는 단락 구성하기를 배우게 됩니다.

이 교재는 이론과 자료를 나열하는 데 머무르지 않고, 학습자가 주도적으로 참여할 수 있도록 각 장을 이론, 실습, 과제에 해당하는 세 절로 나누어 설계했습니다. 먼저 '생각 열기'에는 해당 단원에서 배울 기초 이론과 학습 용어 관련 키워드가 제시되어 있습니다. 기본적인 개념을 이해하고, 다양한 상황에 적용해 봄으로써 강의의 문턱을 낮추고자 했습니다. 다음으로 '생각 펼치기'에는 앞서 배운 내용을 직접 익힐 수 있는 수준별 체험형 실습 문제들을 배치했습니다. 마지막으로 '생각 정리'에서는 짧은 시간에 해결할 수 있는 과제를 제시하여 학습 성취도를 직접 확인해 보도록 했습니다. 한편, 교재 뒷부분에 부록으로 수록된 한국말 다듬기(2024 문화체육관광부 보도자료)는 자연스럽고 올바른 한국어 표현을 익히는 데 훌륭한 길잡이가 되어줄 것입니다.

언어는 단순한 발화 수단이 아니라, 한 사람의 체험과 기억을 투영하는 거울입니다. 여러분이 이 교재와 함께하는 동안 한국어 실력이 향상되는 것은 물론이고, 각자의 생각과 감정을 더 깊고 넓게 펼치는 계기가 마련되기를 기대합니다. 비록 지금은 서툴고 어렵게 느껴질지라도, 한 장씩 페이지를 넘기며 생각을 채우고 표현을 다듬다 보면 어느새 한국어로 세상을 바라보는 여러분 자신과 만나게 될 것입니다.

2026년 2월
저자를 대표하여 한상철

목차

머리말 … 5

말하기

1장

나를 표현하기

1. 생각 열기

처음 만나는 사람에게 나를 소개하는 일은 생각처럼 쉽지 않다. 우리는 각자 다른 외모, 경험, 취향, 생각을 지닌 채 살아가기 때문이다. 내가 좋아하는 것을 누군가는 싫어할 수도 있고, 반대로 내가 싫어하는 것을 누군가는 좋아할 수도 있다. 그러니 나를 소개하는 일은 내 삶을 다시 되돌아보고, 다른 사람들과 소통하려는 마음을 갖는 일이기도 하다.

서로의 언어와 문화가 다르다면 나를 표현하는 일은 더 어려워진다. 물론 자신의 이름을 말하고, 가벼운 인사말을 건네는 방법은 좋은 출발이다. 하지만 그것만으로 내 생각과 감정이 상대방에게 모두 전달되는 것은 아니다. 나와 다른 언어, 문화, 그리고 경험을 지닌 사람들에게 내 생각과 감정을 제대로 표현하려면 무엇이 필요할까?

표준국어대사전에서 '이름'과 '표현'은 다음과 같이 정의되어 있다.

이름
다른 것과 구별하기 위하여 사물, 단체, 현상 따위에 붙여서 부르는 말.

표현
생각이나 느낌 따위를 언어나 몸짓 따위의 형상으로 드러내어 나타냄.

- 표준국어대사전

　상대방에게 나를 소개하려면 먼저 내 이름을 정확히 전달해야 한다. 그 사람이 어디에서 살고 있는지, 혹은 어디에서 왔는지 묻는 일도 첫 만남에서 확인해야 할 중요한 정보이다. 하지만 언어가 다르면 상대방이 이름이나 고향을 말해줘도 알아듣기 어려울 때가 많다. 아래 칸에 나의 이름과 고향을 두 가지 언어로 적어 보자.

	모국어	vs	한국어
나의 이름			
나의 고향			

　사람의 이름이나 사물의 명칭, 그리고 장소의 이름에는 각자의 고유한 의미가 담겨 있다. 아래 제시된 사진들은 한국의 유명한 인물, 브랜드, 도시, 명소, 동물이다. 사진 속 대상의 이름을 적고, 자신이 아는 대로 설명해 보자.

	이미지	이름
사람		
브랜드		
도시		
명소		
동물		

📘 학습용어

다음에 제시된 용어의 뜻을 사전에서 찾아 쓰고, 의미를 이해해 봅시다.

학습용어	뜻
호칭	
교수	
선배	
후배	
재학생	
동문	

2. 생각 펼치기

1) 오늘 강의 시간에는 한국어로 나를 소개하려고 합니다. 낯선 사람에게 자신을 소개할 때는 무엇을 먼저 말해야 할까요?

이름	저의 이름은 ( )입니다.
국적	저는 ( )에서 왔습니다.
소속&전공	저는 ( )대학교 ( )학부/학과에 다니고 있습니다.
관심사	제가 좋아하는 것은 ( )입니다.
목표	저는 한국어를 열심히 배워서 ( )을/를 하고 싶습니다.

2) 한국어로 다른 친구들에게 자기소개를 한다면 어떻게 시작하고 어떻게 마무리해야 할까요?

자기소개 시작	
자기소개 마무리	

3) 본격적으로 나를 소개하기 위한 준비 작업을 해 봅시다. 아래 제시된 내용들을 어떻게 발표할지 생각해 보고, 먼저 글로 써 봅시다.

이름, 별명, 이름에 담긴 뜻	
국적, 고향, 한국과의 차이	
나의 소속, 전공, 학과 친구들	
나의 관심사	
내가 하고 싶은 일	

4) 준비한 내용을 가지고 직접 자신을 소개해 봅시다.

- 4~5인 기준으로 조를 편성합니다.

- 준비된 카드를 보며 1분 동안 조원들에게 나를 소개해 봅시다.

- 다른 조원들의 소개를 들으며 빈 항목들을 채워 봅시다.

이름	자기소개 내용 요약

5) 앞선 실습 과정에서 만든 자기소개 내용 요약표를 활용하여 내가 속한 조의 팀원들을 직접 소개해 봅시다.

3. 생각 정리

1) 이번 방학 때 아르바이트에 지원하려 합니다. 아래 제시된 이력서의 내용을 채워 봅시다.

- 인적 사항(이름, 성별, 생년월일, 주소, 연락처)

- 학력 사항(기간, 학교명, 졸업 여부, 최종 학력부터 기재)

- 경력 사항(기간, 기관명, 담당업무, 최근 경력부터 기재)

- 자격 사항 및 어학 능력(취득일자, 자격명, 발급기관)

> 이력서는 인사담당자에게 수많은 지원자 중 자신이 가장 적합한 지원자라는 것을 인식시키는 서류입니다. 따라서 지원하는 직무를 수행하기 위해 쌓아온 능력을 객관적인 근거를 바탕으로 작성해야 합니다. 이를 위해 충분한 시간적 여유를 갖고 그동안 받은 교육과 자격증, 경험과 경력 등을 정리해 보고 지원 분야에 대한 역량이 나타날 수 있도록 정리하는 것이 중요합니다.
> -대한민국 공식 전자정부 누리집 고용24, 「이력서 작성가이드」에서

2) 오늘 수업에서 작성한 내용을 중심으로 자기소개서를 만들어 봅시다.

2장

타인과 소통하기

1. 생각 열기

우리는 친구와 가족뿐 아니라 학교나 사회생활을 하며 만나는 사람들과 감정이나 생각을 서로 교류한다. 상대의 말을 잘 듣고 말하는 것은 사회생활에서 필요한 의사소통 능력이다. 특히 외국인 유학생들이 한국어로 대화할 때 제일 중요한 것은 상대방이 한국어로 하는 말을 잘 듣고, 그 내용을 요약하는 것이다. 그런 다음 내 생각을 한국어 단어와 문장으로 구성해 효과적으로 표현할 때 의사소통이 원활하게 이루어진다. 우리는 어떻게 하면 상대의 말을 듣고 의사소통을 잘할 수 있을까?

표준국어대사전에서 '의사소통'과 '타인'은 다음과 같이 정의되어 있다.

의사소통

1. 가지고 있는 생각이나 뜻이 서로 통함.

예) 원활한 의사소통.

예) 그 사람과는 의사소통이 전혀 되질 않는다.

예) 웬만한 영어쯤은 벌써 귀동냥으로 얻어 배워 의사소통은 막히지 않았다. (최인호, 『지구인』)

타인

1. 다른 사람.

2. (비슷한 말) 타자.

예) 말씨뿐만 아니라 서희의 태도는 생모를 타인으로 치부한 듯 태연하다. (박경리, 『토지』)

- 표준국어대사전

롤랑 바르트 '자기만이 알고 있는 아픔의 리듬'

- 고유한 슬픔은 언어로 표현할 수 없다.
- 세상에는 이해되지 않는 슬픔도 있다.
- 타인도 나처럼 아프지만 나와 같은 방식으로 아프지 않다.
- 시간이 지나도 슬픔은 작아지지 않는다.
- 내가 타인의 고통을 이해한다고 말할 때 그것은 타인의 고통이 아니라 나의 고통을 이해하는 것이다.
- 사람들은 모두 다른 방식으로 아프다.
- 타인의 고통은 마지막까지 발견되지 않는 땅과 같다.

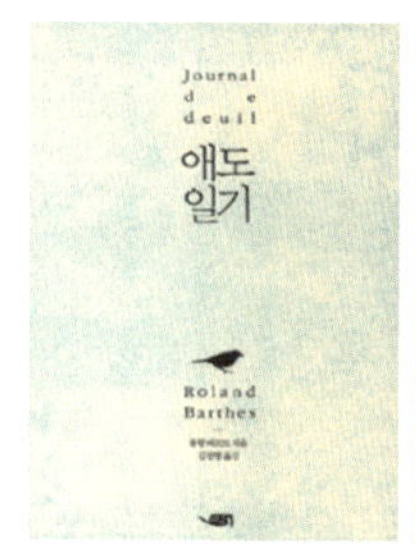

'애도'의 뜻 :

다음은 '긍정양육 129원칙'이라는 공익광고입니다. 이 광고는 아동학대를 줄이기 위한 캠페인입니다. 어른들이 아동을 잘 배려할 수 있도록 일상생활에 필요한 양육의 원칙을 제시하고 있습니다. 아래 공익광고의 내용을 살펴보면 '경청하고 공감하기'란 문장이 나옵니다. 이 문장이 무엇을 의미하는지 생각해 봅시다.

2023년 '아동학대 예방' 공익광고

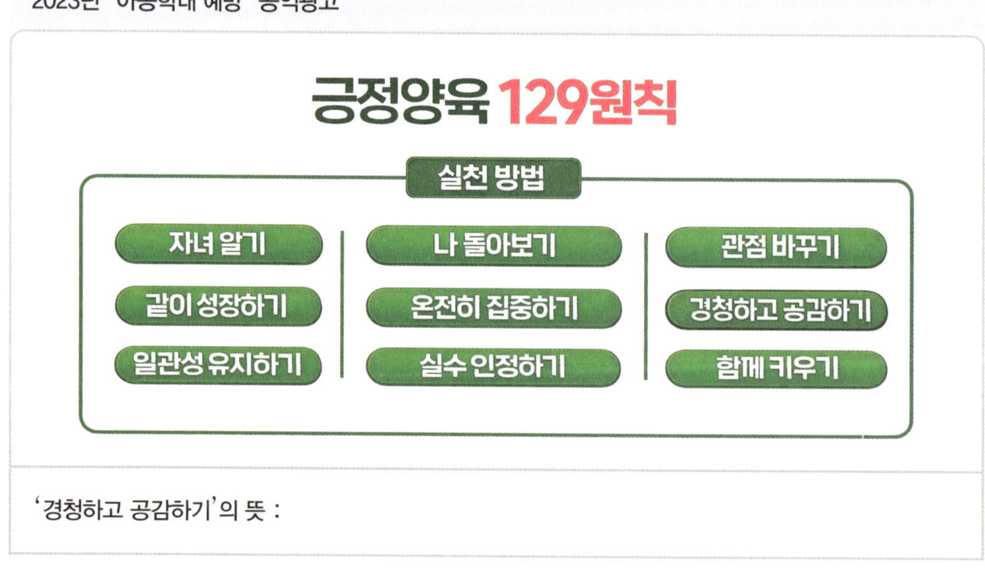

'경청하고 공감하기'의 뜻 :

📖 학습용어

다음에 제시된 용어의 뜻을 사전에서 찾아 쓰고, 의미를 이해해 봅시다.

학습용어	뜻
공감	
경청	
화제	
화자	
청자	
타인	
대화	
요약	
배려	

2. 생각 펼치기

우리는 길을 걷거나 버스, 지하철, 기차 등 대중교통을 이용할 때 공익광고를 자주 보게 됩니다. 공익광고를 보면 한 번씩 소리 내어 읽어보고 무슨 뜻인지 의미를 생각해 봅시다.

'공익광고'란 많은 사람(공공 公共)의 이익을 위해 하는 광고를 말합니다. 여기서 사용된 '공공(公共)'이란 단어는 다른 단어와 결합해 공공기관, 공공복지, 공공재산, 공공데이터 등으로 쓰입니다. '공익광고'의 반대말은 '상업광고'입니다.

① 르노 삼성자동차 공익광고 수상작	② 출산율 저하 공익광고
속도만 조금만 줄여도  전용도로에서만 타도  야간에 전조등만 켜도  건널목에서 멈춰 내리기만 해도...  사고를 획기적으로 줄일 수 있습니다. 안전한 주행습관-가족과 이웃의 행복을 약속합니다. 	

1) 공익광고에서 무엇을 표현하고자 했는지 서로 말해 봅시다.

① 광고의 주제	
② 광고의 주제	

2) 다음 문장을 읽고 빈 칸에 알맞은 내용을 넣어 봅시다.

국가마다 다양한 음식 문화가 있습니다. 유발 하라리(uval Harari) 교수는 『사피엔스』라는 책에서 '이 세상에 고유한 문화란 하나도 없다'고 말합니다. 다시 말해 많은 나라들이 '전통문화'라고 주장하는 것도 다른 나라와의 상호 관계 속에서 영향을 받고 발전해 왔다는 것입니다. 이렇게 보면 각 나라의 전통 음식도 서로 영향을 주고받은 인류 공통의 결실이라고 할 수 있습니다. 그래서 우리는 외국을 여행하면서 낯선 음식이지만 그 나라의 전통 음식이 맛있다고 느끼고 금방 좋아하기도 합니다. 한국 사람들이 즐겨 먹는 김치의 재료인 고추의 원산지는 남아메리카입니다. 김치의 재료와 조리 문화도 오랜 시간 다른 나라와의 상호 관계 속에서 변화, 발전해 왔습니다. 이처럼 음식문화만 보아도 아주 오래전부터 인류는 서로 연결되어 있었음을 알 수 있습니다. 여러분은 한국에서 생활하면서 한국의 어떤 음식과 문화에 관심이 생겼나요?

① 유발 하라리 교수는 '이 세상에 고유한 (   )란 하나도 없다'고 말합니다. 많은 나라들이 (   )라고 주장하는 것도 다른 나라와의 (   ) 속에서 영향을 받은 것입니다.

② 한국 음식 중에서 내가 고향에서 먹었던 음식과 비슷하다고 생각되는 것은 (   ), (   ), (   )이 있습니다.

③ 많은 나라들이 음식의 (   )와 (   ) 문화에서 다른 나라의 영향을 오래전부터 받았음을 알 수 있습니다.

3) 교수와 다프나 학생이 식당에서 대화를 합니다. 내용을 읽고 (   )를 하나씩 채워 봅시다.

교 수 : 다프나 학생은 요즘 무엇에 관심이 생겼나요?
다프나 : 저는 한국 문화에 관심이 새로 생겼어요.
교 수 : 그래요. 한국의 어떤 문화에 관심이 있나요?
다프나 : 음식문화요. 예를 들어서 치킨, 김치, 삼계탕, 삼겹살 구이, 잡채, 라면…
교 수 : 한국 음식 중에서 가장 좋아하는 음식이 있나요?
다프나 : 네. 저는 한국식 치킨을 좋아해요.
교 수 : 한국식 치킨, 참 맛있죠! 치킨은 한국 사람들이 대중적으로 좋아하는 음식이에요.
        저도 치킨 굉장히 좋아해요. 그런데 저는 기름에 튀긴 치킨보다 오븐에 구운 치킨
        을 더 좋아해요. 오븐에 구운 치킨은 기름기가 적어서 건강에 더 좋아요. 다프나
        학생은 치킨 중에서 특별히 좋아하는 맛이 있나요?
다프나 : 네. 저는 마늘 간장 치킨이 정말 맛있어요. 간장의 짜고 단 맛이 입안에서 환상적
        이에요!
교 수 : 간장 치킨을 특별히 좋아하는 이유가 있나요?
다프나 : 간장 치킨 맛은 고향에서 가족과 식사했던 행복한 시간을 생각나게 해요.
교 수 : 아하, 고향의 맛! 맞아요! 음식은 때로 가족과 고향을 떠올리게 해요.

① 다프나 학생은 요즘 무엇에 관심이 생겼다고 말했나요?

② 교수님은 어떤 치킨을 좋아한다고 했나요? 그 이유는 무엇인가요?

교수님은 (   )을 좋아한다고 말했어요.
그 이유는 (   ) 때문이에요.

③ 학생은 어떤 치킨을 좋아한다고 했나요? 그 이유는 무엇인가요?

학생은 (   )을 좋아한다고 말했어요.
그 이유는 (   ) 때문이에요.

④ 두 사람의 대화 내용을 요약해 봅시다.

(   )은 한국 사람들이 (   )으로 좋아하는 음식 중 하나입니다.
교수님은 (   )을 좋아합니다. 그 이유는 (   )는 (   ) 때문입니다.
학생은 (   )을 좋아합니다. 그 이유는 (   ) 때문입니다.

3. 생각 정리

1) 조별 활동 (1분 말하기)

　지금 내가 가장 먹고 싶은 음식은 무엇인가요? 나는 왜 그 음식이 먹고 싶나요? 내가 먹고 싶은 음식과 관련된 특별한 기억이나 경험이 있다면 친구들에게 말로 표현해 봅시다. 그런 다음 친구들이 먹고 싶은 음식은 무엇인지, 왜 그 음식을 먹고 싶은지, 어떤 특별한 사건이나 경험과 관련이 있는지 이야기를 나눠 봅시다.

　친구들이 하는 말을 잘 들은 후 내가 이해한 내용을 바탕으로 간단히 요약해 봅시다.

순서	이름	먹고 싶은 음식, 먹고 싶은 이유, 음식과 관련된 사건이나 경험	
1		음식	
		이유	
		경험	
2		음식	
		이유	
		경험	
3		음식	
		이유	
		경험	
4		음식	
		이유	
		경험	

2) 조별 활동 (1분 말하기)

　외국인 유학생들은 한국 생활 중 문화적 차이로 인해 어려운 점이 많이 있습니다. 나는 한국 생활 중에 어떤 문화적 차이로 당황하거나 힘들었는지 말해 봅시다. 그리고 친구들은 어떤 문화적 차이로 당황하거나 힘들어했는지 이야기해 봅시다.

　친구들이 하는 말을 잘 들은 후 내가 이해한 내용을 바탕으로 요약해 봅시다.

순서	이름	한국 생활을 하면서 문화적 차이로 인해 힘들었던 경험	
1		핵심 사건	
		우리나라 문화	
		한국 문화	
2		핵심 사건	
		우리나라 문화	
		한국 문화	
3		핵심 사건	
		우리나라 문화	
		한국 문화	
4		핵심 사건	
		우리나라 문화	
		한국 문화	

3장

메시지 이해하기

1. 생각 열기

모든 말에는 메시지가 담겨 있다. 우리는 어떤 말이든 목적 없이 하지 않는다. 말하는 사람이 전달하고자 하는 핵심적인 내용을 메시지라고 한다. 메시지는 내용에 따라 직접적으로 표현되기도 하고, 때로는 비유적으로 표현되기도 한다. 경우에 따라서는 겉으로 드러나지 않기도 한다. 우리는 말을 주고받는 과정에서 말하는 사람이 왜 그런 말을 하는지, 또는 무엇 때문에 그렇게 말하는지를 파악하려고 노력한다.

표준국어대사전에서 '메시지'는 다음과 같이 정의되어 있다.

메시지
1. 어떤 사실을 알리거나 주장하거나 경고하기 위하여 보내는 전언(傳言).
2. 작품이 담고 있는 교훈이나 의도.
3. 언어나 기호에 의하여 전달되는 정보 내용.

– 표준국어대사전

말을 주고받는 과정에서 우리는 상대방이 말하는 의도, 곧 메시지를 찾으려고 노력한다. 메시지를 정확히 파악해야 원활한 소통이 이루어지기 때문이다. 가족 간의 대화나 친구와의 대화에서도 우리는 메시지를 찾는다. 예를 들어, 엄마의 말에 담긴 메시지를 이해해야 그 다음에 이어질 나의 말을 적절히 할 수 있다. 친구와의 대화에서도 마찬가지이다. 친구가 전달하고자 하는 메시지를 알아야 그에 맞는 나의 메시지를 전할 수 있다. 길에서 접하는 광고에서도 메시지를 찾게 되며, 책을 읽거나 영화를 볼 때, 나아가 노래를 듣거나 그림을 볼 때도 우리는 메시지를 파악하려고 노력한다. 이처럼 메시지는 우리의 소통에서 가장 핵심적인 요소라고 할 수 있다.

세종대왕의 '훈민정음 어제서문'에서 찾을 수 있는 메시지는 '한글 창제의 목적과 백성에 대한 깊은 애정, 그리고 소통의 중요성'이라고 할 수 있다.

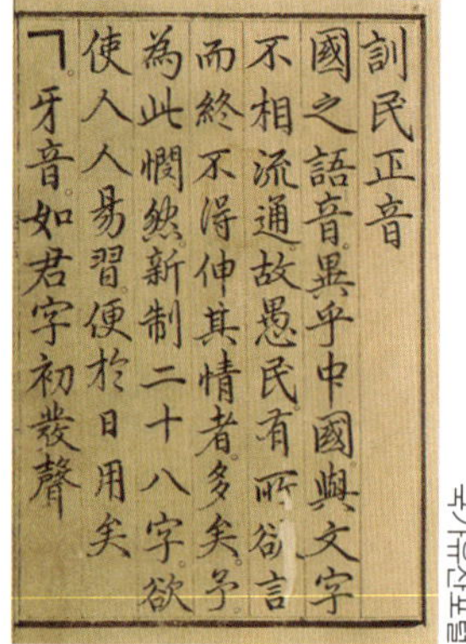

우리나라의 말이 중국과 달라 서로 통하지 않으니
이런 까닭으로 배우지 못한 백성이 말하고자 하는 바가 있어도 마침내 제 뜻을 서로 펼치지 못하는 사람이 많다. 내 이를 가엾게 여겨 새로 스물여덟 자를 만드니 사람들이 쉽게 익혀서 날마다 쓰는데 편안하게 할 따름이다.

광고는 전달하고자 하는 메시지를 직접적으로 또는 간접적으로 표현한다. 아래의 광고는 '쓰레기를 함부로 버리지 마세요.', '반려동물과 산책할 때 지켜야 할 내용'이라는 메시지를 직접적으로 표현하고 있다.

메시지는 소통의 핵심이다. 내용이나 분량에 상관없이 핵심적으로 말하고자 하는 바, 그것이 메시지다. 따라서 어떤 말이든 메시지가 있어야 한다. 우리는 메시지를 중심으로 전체적인 내용을 이해할 수 있고, 메시지를 통해 말하는 사람의 생각을 엿볼 수 있다.

학습용어

다음에 제시된 용어의 뜻을 사전에서 찾아 쓰고, 의미를 이해해 봅시다.

학습용어	뜻
메시지	
핵심	
소통	
의도	
전달하다	
이해하다	
표현하다	

2. 생각 펼치기

1) 다음에 제시된 만화의 메시지가 무엇인지 이야기해 봅시다.

출처: 바른말 고운말 공익광고 만들기, 교육부 국립특수교육원, www.nise.go.kr

만화의 메시지 :

2) 다음 광고문의 메시지가 무엇인지 이야기해 봅시다.

#6 임산부를 발견하고
　　자리를 양보하는 청년

#7 감사 인사와 함께
　　미소를 보내며
　　좌석에 앉는 임산부

#8 감사 인사를 하듯
　　미소를 보내며
　　손을 흔드는 태아

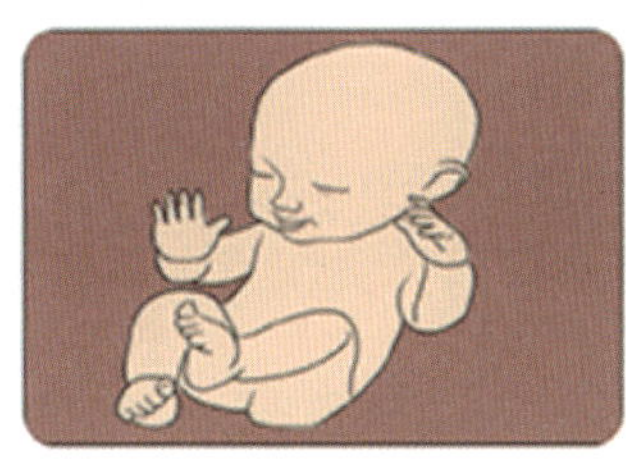

Na.
　　한번의 작은 배려가
　　두배의 더 큰 보람으로

#9 좌석에 홀로 앉아있던
　　임산부의 모습이
　　아기와 함께 있는
　　모습으로 전환된다

자막/Na.
　　공공장소 임산부 배려,
　　우리 모두의 행복입니다.

출처: 2019 대한민국 공익광고제, 한국방송광고진흥공사. kobaco.co.kr

광고의 메시지 :

광고의 메시지 :

광고의 메시지 :

3) 다음 글을 읽고 메시지가 무엇인지 이야기해 봅시다.

옛날 작은 마을에 도둑질이 취미인 여우가 살고 있었어요. 여우는 "안 들키면 내 거지!"라며 깔깔 웃고 다녔지요. 어느 날 배가 고파서 삐약삐약 우는 새를 보고도, 여우는 귀를 쫑긋 세우더니 "오늘은 바빠!" 하고 도망가 버렸어요.

그날 밤 갑자기 폭풍우가 불어 여우의 굴이 와르르 무너졌고, 여우는 꼬리가 젖은 채 벌벌 떨게 되었지요. 반대로 그 새를 도와준 거북이는 마을의 인기 스타가 되어 매일 맛있는 밥을 얻어먹었어요. 그제야 여우는 깨달았답니다. "아, 나쁜 짓은 웃음으로 시작해 눈물로 끝나는구나!"

메시지 :

　　작은 시계 가게에 늘 같은 시간에 문을 여는 노인이 있었다. 그는 손님이 많든 적든 매일 톱니 하나하나를 정성껏 닦으며 "오늘의 일은 오늘, 최선을 다해서"라는 말을 되뇌었다. 그 하루하루가 쌓여, 그의 시계들은 좀처럼 멈추지 않는 것으로 유명해졌다.

　　사람들은 노인에게 비결을 묻곤 했는데, 노인은 웃으며 대답했다. "특별한 날을 기다리지 말게. 평범한 오늘에 최선을 다하면, 내일은 저절로 제자리를 찾아온다네."

메시지 :

4) 다음 노래의 노랫말에 들어있는 메시지가 무엇인지 생각해 봅시다.

〈좋은 날, 아이유〉

어쩜 이렇게 하늘은 더 파란 건지
오늘따라 왜 바람은 또 완벽한지
그냥 모르는 척
못 들은 척,
지워버린 척 딴 얘길 시작할까
아무 말 못 하게 입 맞출까
눈물이 차올라서 고갤 들어
흐르지 못하게 또 살짝 웃어
내게 왜 이러는지 무슨 말을 하는지
오늘 했던 모든 말 저 하늘 위로
한 번도 못 했던 말
울면서 할 줄은 나 몰랐던 말
나는요 오빠가 좋은걸 어떻해

메시지 :

〈고향의 봄〉

나의 살던 고향은 꽃피는 산골
복숭아꽃 살구꽃 아기 진달래
울긋불긋 꽃 대궐 차리인 동네
그 속에서 놀던 때가 그립습니다.

꽃 동네 새 동네 나의 옛 고향
파란 들 남쪽에서 바람이 불면
냇가의 수양버들 춤추는 동네
그 속에서 놀던 때가 그립습니다.

냇가의 수양버들 춤추는 동네
그 속에서 놀던 때가 그립습니다.

메시지 :

5) 다음 포스터의 메시지가 무엇인지 생각해 보고 발표해 봅시다.

메시지 :

메시지 :

3. 생각 정리

'나를 광고해 봅시다.' 나를 광고한다면 어떤 메시지를 중심으로 소개하면 좋을까요?
여러분을 대표할 수 있는 메시지를 하나 정하고, 나를 광고해 봅시다.

메시지 : 나는 (   )

4장

정의와 예시 활용 말하기

1. 생각 열기

　내가 가진 생각이나 감정을 다른 사람에게 전달하기 위해서는 구체적이고 정확한 말하기 방식이 요구된다. 그중에서도 추상적인 개념을 전달해야 하거나 여러 의견이 맞설 경우, 활용할 수 있는 말하기 방식이 정의(Definition)와 예시(Example)이다. 이를테면 사전은 해당 단어의 뜻을 명확히 규정해 놓았다는 점에서 정의가 무엇인지 보여 주는 대표적인 사례이다. 한편, 예시는 일상적인 대화에서 흔히 사용되는 말하기 방식으로 이미 알고 있는 사실이나 개념을 상대방에게 쉽게 설명하기 위해 관련 사례를 다양하게 제시하는 말하기이다. 실제 말하기에서 정의나 예시가 어떻게 사용될 수 있는지 생각해 보자.

　표준국어대사전에서 '정의'와 '예시'는 다음과 같이 정의되어 있다.

정의
어떤 말이나 사물의 뜻을 명백히 밝혀 규정함. 또는 그 뜻.

예시
예를 들어 보임.

- 표준국어대사전

　　아래 사진 속 과자는 외국인들에게도 널리 알려진 한국의 대표적 간식입니다. 그런데 포장지에 정(情)이라는 한자어가 적혀 있습니다. 어떤 의미일까요? 이 단어의 뜻을 모르고 있다면, 먼저 사전을 통해 그 단어의 뜻을 파악해야 합니다. 하지만 사전에 나와 있는 설명, 즉 정의만으로 '정'이라는 말에 담긴 복잡한 의미가 모두 파악되지는 않지요. '정'이라는 말의 실제 활용 사례, 즉 이 단어를 한국인들이 어떤 때 사용하는지 확인해 봅시다.

	모국어	vs	한국어
'정(情)'의 사전적 의미			
'정'이 사용되는 실제 사례			

세계의 여러 도시에는 유명한 길거리 음식들이 있습니다. 길거리 음식의 뜻을 사전에서 찾아보고, 아래 제시된 사진 중 자신이 먹어본 음식을 골라 빈칸을 채워 봅시다.

국가	이미지	이름

다음에 제시된 용어의 뜻을 사전에서 찾아 쓰고, 의미를 이해해 봅시다.

학습용어	뜻
분식	
한식	
양식	
맛집	
간식	
음료수	
주전부리	

2. 생각 펼치기

1) 오늘 강의 시간에는 한국어로 자신이 좋아하는 음식을 소개하고, 그 이유를 말해 보려 합니다. 여러분이 좋아하는 음식과 싫어하는 음식은 어떤 것이 있나요? 아래 빈칸에 좋아하는 음식과 싫어하는 음식의 이름과 그 이유를 적어 봅시다.

내가 좋아하는 음식	이유
김치	저는 한국 음식인 배추김치를 좋아합니다. 발효 음식이어서 여러 가지 맛이 느껴지고, 다른 한국 음식과 같이 먹으면 잘 어울리기 때문에 좋아합니다.

내가 싫어하는 음식	이유

2) 내가 좋아하는 음식과 싫어하는 음식의 정확한 뜻을 먼저 찾아 봅시다. 표준국어대사전을 활용해서 각 음식의 사전적 의미를 적고, 의미를 모르는 단어들의 뜻도 같이 정리해 봅시다.

내가 좋아하는 음식	김치 : 소금에 절인 배추나 무 따위를 고춧가루, 파, 마늘 따위의 양념에 버무린 뒤 발효를 시킨 음식. 재료와 조리 방법에 따라 종류가 많다.
내기 싫어하는 음식	순대 : 돼지의 창자 속에 고기붙이, 두부, 숙주나물, 파, 선지, 당면, 표고버섯 따위를 이겨서 양념을 하여 넣고 양쪽 끝을 동여매고 삶아 익힌 음식.

3) 본격적으로 내가 좋아하는 음식을 소개하기 위한 준비 작업을 해 봅시다. 아래 제시된 내용들을 어떻게 발표할지 생각해 보고, 먼저 글로 써 봅시다.

음식 이름	
기본 재료	
조리법	
맛의 특징	
처음으로 먹었을 때의 기억	
아직 먹어보지 않은 사람들에게 하고 싶은 말	

4) 이제 준비한 내용을 발표해 봅시다.

- 4~5인 기준으로 조를 편성합니다.
- 준비된 카드를 보며 1분 동안 조원들에게 내가 선택한 음식을 소개합니다.
- 다른 조원들의 소개를 들으며 빈 항목들을 채워 봅시다.

이름	발표 내용 정리

5) 앞선 실습 과정에서 만든 음식 소개 요약 내용을 활용하여 내가 속한 조의 팀원들이 좋아하는 음식들을 소개해 봅시다. 오늘 강의 시간에 배운 정의와 예시의 방법을 꼭 활용해야 합니다.

3. 생각 정리

1) 한국 사람들에게 내 고향의 음식을 소개하려 합니다. 아래 제시된 내용을 중심으로 발표문을 만들어 봅시다.

- 내 고향의 대표적인 음식들

- 내가 좋아하는 고향의 음식과 그 이유

- 음식에 대한 정보들(재료, 맛, 조리법, 음식명의 유래 등)

- 기타

마들렌 부스러기가 섞인 따뜻한 차 한 모금이 내 입천장에 닿는 그 순간, 나는 몸을 떨었고, 내 안에서 무언가 놀라운 일이 일어나고 있음을 직감했다. 말로 설명할 수 없는 깊고 강렬한 기쁨이 나를 덮쳤고, 그것은 어떤 것과도 연결되지 않는, 순수한 감정이었으며, 왜 그런 기쁨이 밀려왔는지조차 알 수 없었다.　　　　　-마르셀 프루스트, 『잃어버린 시간을 찾아서』에서

2) 우리 가족이 즐겨 먹은 음식을 다른 사람들에게 소개해 봅시다. 음식의 이름을 적고, 우리
   집만의 특별한 조리법을 정리해 봅시다.

5장
비교와 대조 활용 말하기

1. 생각 열기

혼자 놀 때 좋은 점은 무엇일까? 반대로 친구와 함께 놀 때의 좋은 점은 무엇일까?

비교와 대조는 두 대상을 나란히 놓고 그것들의 공통점과 차이점을 살펴보는 설명 방법이다. 이 방법은 대상의 특징을 분명하게 이해하는 데 도움이 된다. 또한 각각의 장단점을 효과적으로 드러내는 데 유용하다.

비교는 둘 이상의 대상이 공유하는 공통점을 중심으로 살펴보는 것이다. 예를 들어, 자전거와 자동차를 비교하면 둘 다 이동 수단이며 목적지까지 사람을 운반한다는 공통점이 있다. 이렇게 비교를 하면 대상들이 어떤 점에서 비슷한지를 한눈에 파악할 수 있다.

대조는 대상 사이의 차이점을 중심으로 설명하는 방법이다. 예를 들어 자전거는 사람이 직접 힘을 써야 하는 이동수단이지만 자동차는 연료를 사용한다는 점에서 차이가 있다. 또한 자전거는 환경오염이 적은 반면, 자동차는 배기가스를 배출한다는 점에서도 차이가 있다.

표준국어대사전에서 '비교'와 '대조'는 다음과 같이 정의되어 있다.

비교

1. 둘 이상의 사물을 견주어 서로 간의 유사점, 차이점, 일반 법칙 따위를 고찰하는 일. 비교 대상. 2. 둘 또는 그 이상의 사물이나 현상을 견주어 서로 간의 유사점과 공통점, 차이점 따위를 밝히는 일.

대조

1. 둘 이상인 대상의 내용을 맞대어 같고 다름을 검토함.
2. 서로 달라서 대비가 됨.

- 표준국어대사전

비교와 대조를 활용할 때는 기준을 명확히 정하는 것이 중요하다. 기능, 구조, 목적, 장단점과 같은 공통된 기준을 세워 살펴야 한다. 기준이 불분명하면 내용이 산만해질 수 있다.

다음의 예들에 대해 비교와 대조를 적용해 공통점과 차이점을 살펴봅시다.

	한국의 '떡'	vs	서양의 '케이크'
비교			
대조			

비교와 대조는 대상을 더 깊이 이해하게 하고, 합리적인 판단을 내리도록 돕는 데 효과적이다. 따라서 말을 할 때, 또는 글을 쓸 때 목적에 맞게 비교와 대조를 적절히 활용하는 것이 중요하다.

주말에 시간적 여유가 생기면 하는 취미에는 게임과 운동이 있다. 누군가는 게임을 즐겁게 할 것이고, 또 누군가는 운동을 한다. 취미로 하는 게임과 운동은 어떤 점이 비슷하고 어떤 점이 다를까? 이것 역시 비교와 대조로 접근해 볼 수 있다.

다음의 예들에 대해 비교와 대조를 적용해 공통점과 차이점을 설명해 봅시다.

	게임하기	vs	운동하기
비교			
대조			

비교와 대조를 활용해 말을 하면 상대방에게 내용 전달이 매우 용이해진다. 비교와 대조를 활용할 때의 장점은 다음과 같다.

첫째, 두 가지 대상의 특징을 분명하게 이해할 수 있다. 두 대상의 공통점과 차이점을 함께 살펴보면 각각의 특징을 더욱 명확히 알 수 있게 된다. 둘째, 상대방의 이해를 돕기도 하고 기억에도 오래 남게 할 수 있다. 비슷한 점과 다른 점을 함께 제시하면 상대방은 내용을 비교하며 듣게 되어 이해가 빨라지고 기억에도 도움을 받는다. 셋째, 장단점을 객관적으로 말할 수 있다. 비교와 대조는 한쪽으로 치우치지 않고 다양한 측면을 살펴보게 하여, 대상의 장점과 단점을 균형 있게 살필 수 있도록 도와준다. 넷째, 합리적인 판단에 도움을 준다. 말하는 이의 내용을 들으면서 자신에게 합리적인 선택이 무엇인지 생각할 수 있게 도와주는 장점이 있다. 마지막으로 사람들의 흥미를 유발할 수 있다. 두 가지 이상의 대상에 대해 서로 다른 점을 발견하는 과정에서 흥미를 이끌어 낼 수 있다. 나아가 익숙한 대상이라도 더 다채로운 시각으로 바라볼 수도 있게 된다.

📚 학습용어

다음에 제시된 용어의 뜻을 사전에서 찾아 쓰고, 의미를 이해해 봅시다.

학습용어	뜻
비교	
대조	
설명하다	
비슷하다	
다르다	
장점	
단점	

2. 생각 펼치기

1) 다음에 제시된 어휘에 대해 비교와 대조의 관점으로 접근해 봅시다.

'강아지와 고양이' 비교(비슷한 점)	'강아지와 고양이' 대조(다른 점)
①	①
②	②
③	③

'과거의 나와 지금의 나' 비교(비슷한 점)	'과거의 나와 지금의 나' 대조(다른 점)
①	①
②	②
③	③

2) 다음 문장을 읽고 빈 칸에 알맞은 내용을 넣어 봅시다.

<문화 – 식사예절>

식사할 때 지켜야 하는 예절을 식사예절이라고 한다. 한국과 베트남에도 식사예절이 있다. 예를 들어 한국에서는 식탁에서 밥을 먹을 때 밥그릇을 들고 먹으면 안 된다. 그러나 베트남에서는 (   ).

한국은 사계절이 있다. 꽃이 피는 봄, 날씨가 더운 여름, 나뭇잎이 떨어지는 가을, 그리고 흰 눈이 오는 겨울이 있다. 그러나 베트남 북부는 대체로 아주 더운 (   )와 조금 덜 더운 (   )로 계절을 구분할 수 있다. 한국의 4계절과 베트남 북부의 2계절은 매우 다르다.

한국과 베트남에는 해마다 상징하는 띠별 동물이 있다. 한국과 베트남은 띠를 상징하는 동물로 모두 12동물이 있다는 공통점이 있다. 한국의 띠를 상징하는 12동물은 쥐, 소, 호랑이, 토끼, 용, 뱀, 말, 양, 원숭이, 닭, 개, 돼지다. 베트남의 띠를 상징하는 12동물은 한국과 비슷한데, 다음의 세 동물에서 차이가 있다. 한국의 소는 베트남의 (   ), 한국의 토끼는 베트남의 (   ), 그리고 한국의 양은 베트남의 (   )가 있다. 이렇게 한국과 베트남은 12동물의 띠는 비슷하지만, 구체적으로는 세 가지 동물에서 차이가 있다.

3) 한국의 칼국수와 베트남의 쌀국수는 비슷하면서도 다릅니다. 칼국수와 쌀국수를 비교와
   대조를 이용하여 설명해 봅시다.

〈한국의 칼국수〉

〈베트남의 쌀국수〉

| |
| |
| |
| |

4) 다음 노래의 노랫말을 읽고, 나의 생각을 정리해 봅시다.

〈어제의 나, 오늘의 나〉

어제의 나는 고개를 숙이고
작은 말에도 쉽게 멈춰 섰지.
오늘의 나는 조금 느리지만
넘어져도 다시 걸어가고 있어.

그땐 두려움이 앞섰고
지금은 용기가 생겨!
같은 길 위에 서 있어도
바라보는 하늘이 달라!

어제의 나는 꿈을 숨겼고
오늘의 나는 꿈을 말해
같은 내가 맞긴 한데
행동은 조금 달라졌어.

어제의 나는 기다렸지만
오늘의 나는 움직이고 있어
비교해 보면 알게 돼
나는 조금씩 자라고 있었어!!

5) 다음에 제시된 시에 나타나는 비교와 대조를 찾아 봅시다.

〈두 개의 얼굴〉

낮은 말이 많고 밤은 조용하다.

낮은 나를 밖으로 부르고 밤은 나를 안으로 부른다.

낮의 빛에서는 웃음이 쉽게 보이고

밤의 어둠에서는 숨긴 생각이 드러난다.

낮은 빠르게 지나가고 밤은 천천히 머문다.

하지만
낮이 있어 밤을 기다리고 밤이 있어 낮을 견딘다.

서로 다른 얼굴로 같은 하루를 완성한다.

시에 나타난 비교 :

시에 나타난 대조 :

3. 생각 정리

1) '한국의 생활문화'와 '베트남의 생활문화'를 비교와 대조를 이용하여 설명해 봅시다.

2) '백화점'과 '전통시장'을 비교와 대조를 이용하여 설명해 봅시다.

6장
정보전달 말하기

1. 생각 열기

우리는 사회생활을 하면서 어떤 특정 대상이나 사실, 지식, 정보 등에 대해 전달해야 할 때가 있다. 어떤 사람이나 사실에 대해 전달할 때 객관적이고 정확한 단어와 표현으로 설명해야 신뢰를 얻을 수 있다. 그렇다면 '정보전달 말하기'란 무엇일까?

표준국어대사전에서 '정보'와 '설명'은 다음과 같이 정의되어 있다.

정보
1. 관찰이나 측정을 통하여 수집한 자료를 실제 문제에 도움이 될 수 있도록 정리한 지식. 또는 그 자료. 관광 정보, 생활 정보, 정보가 누설되다.
2. 『군사』 일차적으로 수집한 첩보를 분석·평가하여 얻은, 적의 실정에 관한 구체적인 소식이나 자료. 예) 적국의 군사 비밀 정보를 입수하다.
3. 『정보·통신』 어떤 자료나 소식을 통하여 얻는 지식이나 상태의 총량. 정보 원천에서 발생하며 구체적 양, 즉 정보량으로 측정할 수 있다. 자동화 부문이나 응용 언어학 분야에서도 쓰인다.

설명
1. 어떤 일이나 대상의 내용, 이유, 의의 등을 상대편이 알 수 있도록 밝혀 말하는 것.
2. 다른 사람에게 잘 알 수 있도록 밝혀서 말함.
3. '설명'이란 단어는 설명되다, 설명하다 등으로 쓰임.
   예) 새 기획안에 대한 <u>설명이</u> 끝나자 질문이 쏟아졌다.

예) 친구의 <u>설명만으로는</u> 문제가 이해되지 않아서 선생님께 질문하기로 했다.

예) 그는 아무런 <u>설명도 없이</u> 갑자기 집으로 갔다.

- 표준국어대사전

　기업은 새로운 상품을 출시하게 되면 새로운 상품의 특징, 이전 출시된 상품이나 경쟁회사 제품과의 차별점, 새로운 기능, 사용 방법 등을 자세하게 설명하기 위해 노력한다. 보통 우리는 '제품 사용 설명서', 유튜브, 숏폼 등에서 소개되는 '신제품 홍보 영상' 등을 보면서 신제품에 대한 정보를 접할 수 있다. '설명'은 여행 정보, AI 사용 설명서, 도서관 사용 방법, 전시 도록, 음식 조리법, 학과 소개 등 다양한 정보 말하기 분야에서 활용된다.

1) 친구와 10초간 얼굴을 마주 보고 친구의 특징에 대해 30초 동안 짧게 설명해 봅시다.

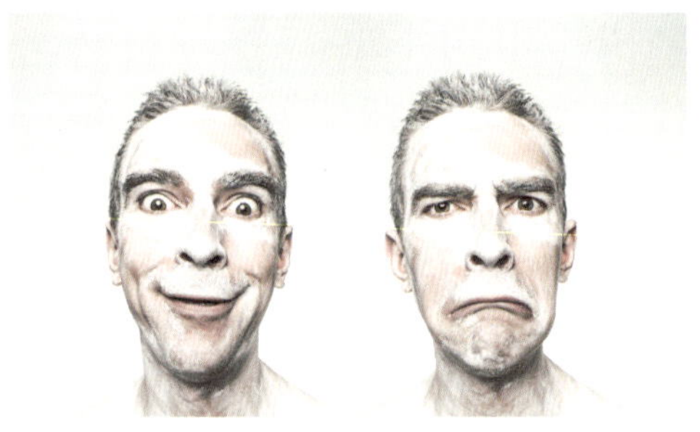 

친구 얼굴의 특징	친구가 본 내 얼굴의 특징

2) 커피를 맛있게 마시는 방법에 대해 30초 동안 짧게 설명해 봅시다.

커피를 맛있게 마시는 나만의 방법
①
②
③
④
⑤

다음에 제시된 용어의 뜻을 사전에서 찾아 쓰고, 의미를 이해해 봅시다.

학습용어	뜻
체계적	
사실	
지식	
정보	
전달	
자료	
소식	
특징	
사용 설명서	
안내 책자	

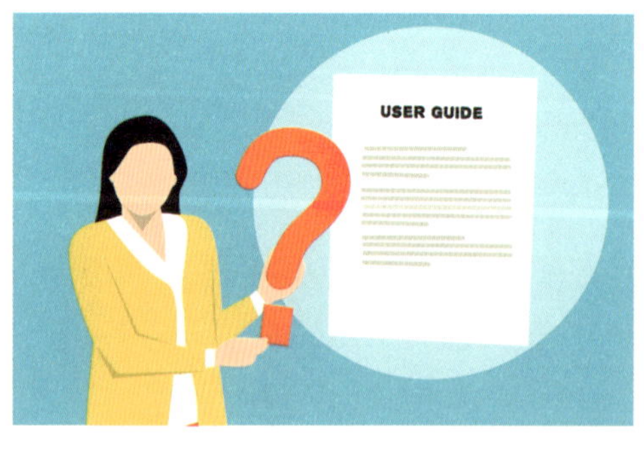

2. 생각 펼치기

1) 우리 주변에는 어떤 사용 설명서가 있는지 살펴봅시다. 다음은 '온열팩 사용방법'을 설명하는 정보전달 글입니다. 온열팩 사용 설명서에 나온 단어를 활용해서 문장을 만들어 봅시다.

손난로(온열팩) 사용법

- 제품을 흔든 후 주머니 또는 파우치에 넣어 사용하세요.
- 피부에 직접 닿지 않도록 사용하세요.
- 사용 시간은 14시간 정도이나 외부 노출 사용 시 단축될 수 있습니다.
- 유아, 피부가 약한 사람, 신체가 부자유스러운 사람은 사용에 더욱 주의하세요.
- 피부에 직접 닿게 사용하면 화상 위험이 있으니 주의하세요.
- 전열기구와 함께 사용하시면 화상 위험이 있어요.

위험하다	
사용하다	
주의하다	
단축되다	
닿다	
넣다	

2) 우리는 일상생활에서 피로 회복제, 소화제, 진통제, 감기약 등을 먹는 경우가 종종 있습니다. 약을 먹기 전에 약 사용 설명서를 반드시 읽고 난 후 약을 먹는 습관을 들여야 약 부작용을 줄일 수 있습니다. 다음에 제시된 '약 사용 설명서'와 '소비자 광고'의 목표를 알아봅시다.

① 약 사용 설명서	② 공정위 소비자 광고
종합소화제 *** 본 제품은 소화를 돕는 4가지 작용을 한다. [효능·효과] ■ 소화불량, 식욕부진, 과식, 체함, 소화촉진, 소화불량으로 인한 복부팽만감 [용법·용량] ■ 성인 : 1회 1정, 1일 3회 식후 복용 [주의사항] 1. 다음 사람은 복용하지 말 것 (만 7세 이하 어린이, 유전적 문제가 있는 환자) 2. 다음 사람은 복용 전 의사·약사와 상의할 것(알레르기 체질인 사람, 임부 또는 임신 가능성이 있는 여성) 3. 2주 정도 투여해도 증상 개선이 없으면 복용을 중단하고 의사·약사와 상의할 것. [저장 방법] ■ 어린이의 손에 닿지 않는 곳에 보관 ■ 밀폐용기, 실온 보관(3℃ 이하) [사용 기한] ■ 상자 측면 표시일까지	

① 설명서의 목표	
② 광고의 목표	

3) 현대인들은 바쁘게 사느라 식사 시간을 놓치는 사람이 많습니다. 바쁜 청년들은 편의점에
   서 간단한 음식으로 식사를 합니다. 다음은 사라가 편의점에서 만난 친구에게 컵라면 조리
   법에 대해 설명하는 장면입니다.

사　라 : 점심때 무슨 음식을 먹나요?
다프나 : 저는 삼각김밥이나 컵라면을 먹어요.
사　라 : 저도 요즘 한국 컵라면 자주 먹어요.
다프나 : 한국에는 컵라면 종류가 참 많아요. 예를 들어서 신라면, 김치사발면, 왕뚜껑, 짜
　　　　파게티, 컵누들, 튀김우동, 불낙볶음면 등…
사　라 : 오늘은 무슨 컵라면을 선택했나요?
다프나 : 마라 컵누들을 선택했어요. 당면으로 만든 제품이에요.
사　라 : 컵누들을 좋아하는 이유가 있나요?
다프나 : 저는 스트레스가 많을 때 마라 컵누들을 먹어요. 굉장히 맵고 자극적이에요. 이 제
　　　　품은 일반적인 컵라면하고 면이 달라요. 재료가 밀가루가 아니라 감자나 고구마
　　　　로 만든 국수예요. 자 보세요. 뜨거운 물을 안쪽 표시선까지 부은 다음 3분만 기다
　　　　렸다가 젓가락으로 잘 저으면 돼요. 뜨거운 물에 불리면 면이 투명해지고 탱글탱
　　　　글하면서도 쫄깃한 맛이 나요.
사　라 : 정말요! 마법 같아요. 저도 다음에 컵누들을 먹어봐야겠어요. 저는 매운 신라면을
　　　　주로 먹었거든요.
다프나 : 한국 컵라면은 다양한 맛이 있어서 골라 먹는 재미가 있어요.
사　라 : 라면마다 조리법이 서로 달라요. 저는 다음에는 불닭볶음면을 먹어보고 싶어요.
다프나 : 저도 불닭볶음면 정말 좋아해요.

내가 좋아하는 컵라면과 라면 조리법을 친구에게 설명해 봅시다.	
컵라면	
1단계 조리법	
2단계 조리법	
3단계 조리법	

4) 물건을 잃어버렸을 때 사용하는 단어의 뜻과 표현법을 연습해 봅시다.

제 ~을 잃어버렸어요.
제 ~을 놓고 내렸어요.
제 물건을 도난당했어요.

제 가방을 잃어버렸어요.
제 지갑을 버스에 놓고 내렸어요.
제 휴대폰을 택시에 놓고 내렸어요.
제 선물을 기차에 놓고 내렸어요.
제 시계를 도난당했어요.
제 지갑과 돈을 도난당했어요.

예) 가방, 지갑, 여권, 휴대폰, 학생증, 옷, 돈, 시계, 선물, 노트북, 스마트워치 등

다음 단어의 뜻을 설명해 봅시다.

분실물 또는 유실물	
분실물 센터	
경찰서	
분실신고	
유실물 종합관리 시스템	

물건을 잃어버렸을 때 표현법을 연습해 봅시다.

~가 어디에 있나요?	
~를 하고 싶어요.	
~로 연락해야 하나요?	
~을 받을 수 있을까요?	
~을 확인할 수 있나요?	

지하철 분실물 센터가 어디에 있나요?

택시조합 분실물 센터가 어디에 있나요?

여기에서 가까운 경찰서가 어디에 있나요?

분실물 신고를 하고 싶어요.

분실물 접수를 하고 싶은데 어디로 연락해야 하나요?

경찰서에 분실물 접수를 하고 싶은데 전화번호를 알 수 있을까요?

제 물건을 잃어버려서 분실신고를 하고 싶어요.

제 가방이 분실물 센터에 접수되었는지 확인할 수 있나요?

제 여권이 경찰서에 신고되어 있는지 확인할 수 있나요?

제 지갑 사진이에요.

분실물 신고서 사본 사진을 받을 수 있을까요?

물건을 잃어버린 친구에게 분실 신고하는 방법을 설명해 봅시다.

신용카드 분실	신용카드 고객센터에 전화한 후 카드 분실 신고하기. 필요한 경우 재발급 신청하기
경찰 분실신고 (Lost 112)	경찰청 유실물 보관관리 시스템에 분실신고 후 물건을 찾을 수 있는지 확인해요.
개인정보 보호 조치	신용카드, 여권, 학생증 등 개인정보 노출을 방지하기 위해 관련 기관(대사관, 학교 등)에 신고하기

5) 다음은 두 학생의 대화 내용입니다. 무슨 문제가 발생했는지 대화를 잘 들어보고 설명해 봅시다.

> 다프나 : 여권을 잃어버렸어요. 어떻게 해야 하나요?
>
> 사　라 : 먼저 경찰서랑 대사관에 연락해 보세요.
>
> 다프나 : 대사관에 가면 임시 신분증 발급이 가능한가요?
>
> 사　라 : 네. 그런데 아마 여권 만들 사진이 필요할 거예요.
>
> 다프나 : 네, 사진은 있어요. 잃어버린 여권 사진 사본도 여기 있어요.
>
> 사　라 : 그럼 임시여권 발급이 가능해요.

① 다프나 학생이 무엇을 잃어버렸나요?

② 사라는 어디 어디로 연락하라고 정보를 주었나요?

③ 여권을 잃어버렸을 때 임시여권을 발급받으려면 무엇이 필요한가요?

3. 생각 정리

1) 조별 활동 (1분 말하기)

　말하기에서 어떤 대상이나 정보, 사실, 지식 등을 체계적으로 전달하는 것은 중요한 의사소통 능력입니다. 일상생활이나 수업 시간에 자신이 속한 학과, 지식, 사실 등을 요약해서 설명하는 습관을 갖는다면 소통 능력이 향상될 수 있습니다.

도입	학과 소개	저는 다프나입니다. 경영학과에서 공부하고 있어요. 경영학과는 회사 운영에 필요한 기본 지식을 배우는 학과입니다.
본론	목적	우리 학과의 교육 목적은 기업이나 공공기관에서 필요로 하는 창의적이고 진취적인 인재를 양성하는 데 있습니다.
	교과목	경영학원론, 마케팅, 회계, 생산 관리 등 다양한 교과목을 배웁니다. 이 과목을 통해 실무에 필요한 능력을 학습할 수 있습니다.
	졸업 후 진로	경영학과 학생들은 졸업 후 기업이나 공공기관의 마케팅, 회계, 인사, 생산 관리 등의 부서에서 일할 수 있어요. 또 은행, 증권사 등의 금융기관에서 일하기도 합니다.
	학과 특성	주로 기업의 경영과 관련된 이론과 실무 교육을 배웁니다. 팀 프로젝트와 발표 수업이 많은 편이에요. 수업 시간에 실무 교육과 관련된 실습도 많이 있어서 졸업 후 다양한 진로로 나갈 수 있도록 도움을 줍니다.
마무리	요약	경영학과는 마케팅과 회계 등 다양한 분야로 진출할 수 있다는 게 특징이에요. 그래서 학생들의 진로 선택의 폭이 넓어서 좋아요.
	강조	한국에서 경영학을 전공한다면 우리나라로 돌아갔을 때 대기업이나 공공기관에 취업할 때 도움이 많이 될 거라고 믿어요.

내가 전공하는 학과에 대한 정보를 요약해서 친구들에게 설명해 봅시다.

도입	학과 소개	
본론	목적	
	교과목	
	졸업 후 진로	
	학과 특성	
마무리	요약	
	강조	

글쓰기

글감 찾기

1. 생각 열기

　한 편의 글을 제대로 쓰려면 여러 가지 준비가 필요하다. 외국어를 배워 글을 써야 한다면 번역 과정이 추가되니 더 많은 시간과 노력이 들 것이다. 요즘은 인공지능의 도움을 받아 글을 쓰는 경우도 많다. 이렇게 하면 혼자 쓰는 것보다 훨씬 빠르고 편하다. 그런데 인공지능으로만 글을 쓴다면, 그 결과물에 내 생각이나 경험이 얼마나 담길 수 있을까?

　글쓰기 과제를 작성할 때 인공지능을 활용하면 더 많은 정보를 쉽게 찾아내고 요약할 수 있다. 편리한 방법이지만 문제는 나만의 생각, 느낌, 경험을 담기가 어렵다는 사실이다. 그래서 힘들어도 내가 직접 자료를 찾아보고, 글쓰기의 내용을 구상하는 과정이 필요하다. 글쓰기를 시작하기 위한 첫 단계는 어디에서 시작되어야 할까?

　표준국어대사전에서 '자료'와 '책'은 다음과 같이 정의되어 있다.

자료
1 연구나 조사 따위의 바탕이 되는 재료.
2. 만들거나 이루는 데 바탕이 되는 물자나 재료.

책
1. 종이를 여러 장 묶어 맨 물건.
2. 일정한 목적, 내용, 체재에 맞추어 사상, 감정, 지식 따위를 글이나 그림으로 표현하여 적거나 인쇄하여 묶어 놓은 것.

- 표준국어대사전

　이제까지 내가 읽었던 책 중에서 가장 기억에 남은 책을 적어 봅시다. 어린 시절에 본 그림책이나 동화책부터, 학교에서 수업 시간에 읽은 책, 가족이나 친구의 추천으로 보게 된 책, 심심해서 찾아본 만화책이나 잡지, 한국어를 배우기 위해 읽어 본 책까지. 내가 본 책 중 가장 재미있게 읽었거나 감동적이었던 책의 이름을 적어 봅시다.

읽은 시기	제목(모국어)	vs	제목(한국어)

모든 대학에는 도서관이 있습니다. 이곳에서 학생들은 새로운 지식을 얻고, 시험공부를 하거나 자신의 미래를 위해 준비합니다. 아래 제시된 사진은 대학의 도서관에서 볼 수 있는 대상들입니다. 각각의 이름을 적고 어떤 역할을 하는지 찾아 봅시다.

이름	도서관 내부 사진	설명
서가		사전적 의미는 "문서나 책 따위를 얹어 두거나 꽂아 두도록 만든 선반"이다. 도서관에서 소장하고 있는 책을 유형별로 보관하여 찾아보기 쉽게 관리해 준다.

📚 학습용어

다음에 제시된 용어의 뜻을 사전에서 찾아 쓰고, 의미를 이해해 봅시다.

학습용어	뜻
도서관	
열람실	
저자	
출판사	
발행일	
대출	
연체	

2. 생각 펼치기

1) 오늘 강의 시간에는 한국어로 된 책 한 권을 선택해 다른 친구들에게 소개하려 합니다. 여러분은 어떤 책을 읽고 싶은가요. 만약 읽고 싶은 책이 없다면 한국어를 배우는 데 도움이 될 만한 책을 골라 보세요. 아래 빈칸에 책 제목과 선택하게 된 이유를 적어 봅시다.

내가 읽고 싶은 책	선택하게 된 이유

2) 학교 도서관에 직접 가서 내가 읽고 싶은 책이나 한국어 공부에 도움이 될 만한 책을 빌려 오도록 합시다. 찾으려는 책이 없을 수도 있습니다. 그렇다면 비슷한 유형의 책 중 한 권을 대신 고른 후 책 제목과 저자 정보를 써 봅시다.

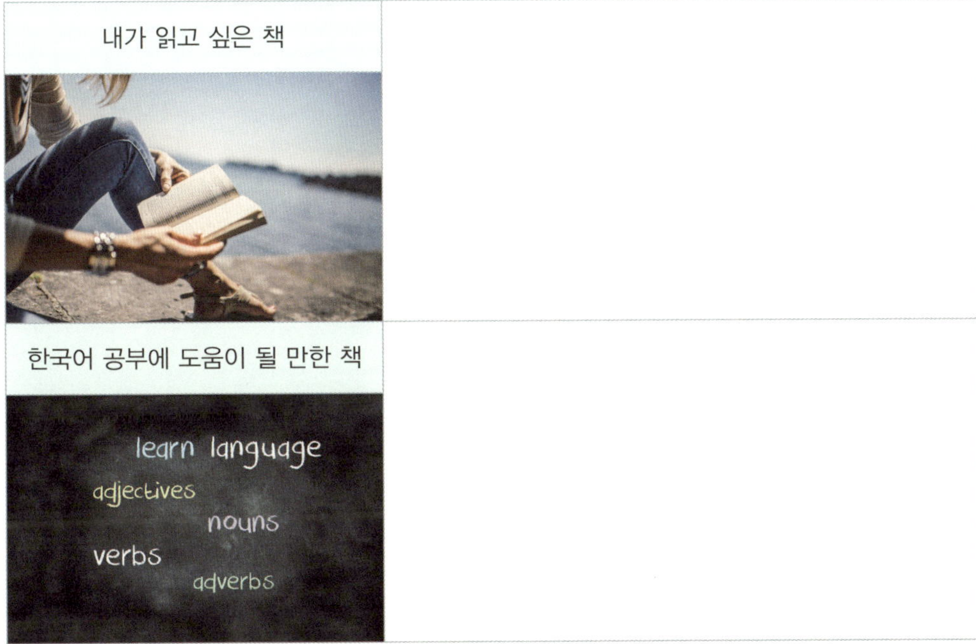

3) 책을 빌려왔다면 본격적으로 책을 소개하기 위한 준비 작업을 해 봅시다. 아래 제시된 내용들을 어떻게 발표할지 생각해 보고, 먼저 글로 써 봅시다.

서지사항	저　자 : 제　목 : 출 판 사 : 출판연도 :
줄거리	
인상적인 구절	
선택하게 된 이유	
기타	

4) 대출해 온 도서 정보에 대해 정리한 후, 준비한 내용을 발표해 봅시다.

- 4~5인 기준으로 조를 편성합니다.
- 준비된 카드를 보며 3분 동안 조원들에게 내가 선택한 책을 소개합니다.
- 다른 조원들의 책 소개를 들으며 빈 항목들을 채워 봅시다.

이름	발표 내용 정리

5) 내가 친구들에게 소개했던 책의 일부를 읽고 요약해 봅시다. 가능하다면 내 생각을 정리해
   덧붙입니다.

3. 생각 정리

1) 아래 제시된 문학 작품들은 한국인들이 초등학교 때부터 읽어야 하는 대표적인 작가들의
   문학 작품입니다. 한 편을 골라 읽고 내 생각을 적어 봅시다.

- 정지용, 향수
- 윤동주, 서시
- 이효석, 메밀꽃 필 무렵
- 황순원, 소나기
- 피천득, 인연
- 계용묵, 구두

2) 오늘 하루의 일기를 써 봅시다. 내가 만난 사람들, 겪은 일, 내 눈에 비친 사물, 내가 먹은 음식, 쉬는 시간을 보낸 방법 등을 중심으로 나의 일상을 적어 봅시다.

8장

요약하기

1. 생각 열기

'요약'은 글을 읽거나 타인이 한 말을 듣고 중요한 내용과 그렇지 않은 내용의 위계 관계를 구별한 뒤 핵심 내용을 중심으로 간추리는 것이다. 외국인 유학생들은 한국 학생들과 함께 수업을 들으면서 자신이 발표할 내용을 PPT로 제작하거나 보고서, 논문 등을 작성해야 하는 경우가 종종 있다. 이와 같은 학업을 수행하기 위해서는 먼저 교수님의 강의 내용을 잘 듣고 요약하여 정리할 수 있어야 한다. 또한 교양과 전공 책을 읽고 난 후 그 내용을 요약하고 이를 바탕으로 발표문을 작성하는 능력도 필요하다. 그렇다면 성공적인 학업 수행을 위해서 '요약하기'는 어떻게 학습하면 좋을까?

표준국어대사전에서 '요약'은 다음과 같이 정의되어 있다.

요약

1. 말이나 글의 요점을 잡아서 간추림.

  예) 작품의 줄거리를 요약하다.
  예) 이 자습서는 요약이 잘되어 있다.
  예) 노신사의 긴 이야기를 요약해 보면 대강 이러한 것이었다. (주요섭,『미완성』)
  예) 이 작품이 성공을 거두게 된 요인을 두 가지로 요약할 수 있다.

- 표준국어대사전

1) 다음은 중앙도서관에서 보낸 안내 메일입니다. 무슨 내용인지 요약해 봅시다.

중앙도서관 선정도서 안내

안녕하세요, 중앙도서관입니다.

자료대출실에서는 1월 도서관 소식을 전달해 드립니다. 1월 선정도서는 "위버멘쉬"입니다.

선정도서와 인기도서, 전자책 및 오디오북에 많은 관심 부탁드립니다. 대출을 원하실 경우, 온라인도서 대출 신청을 이용해주세요.

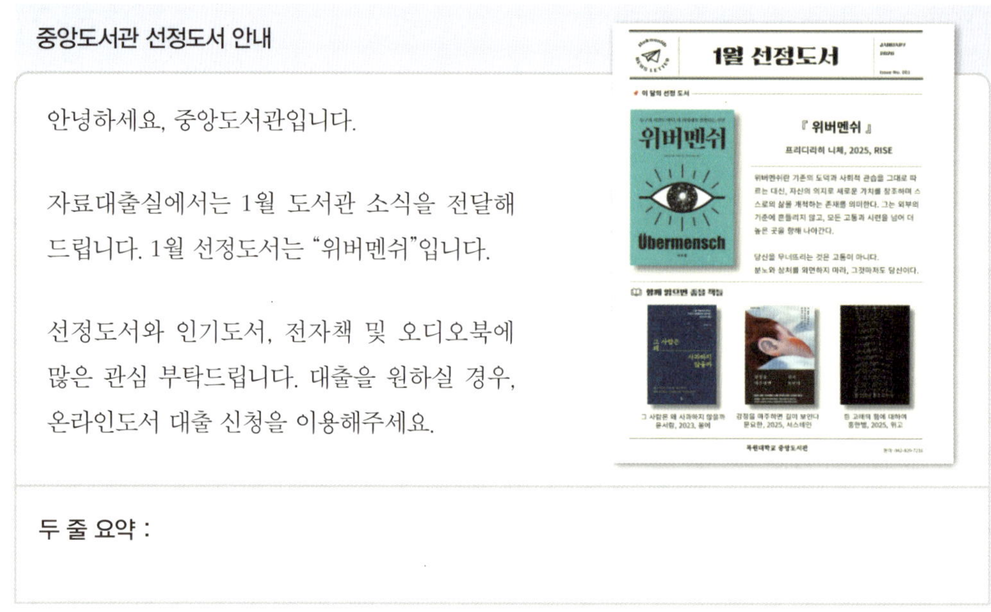

두 줄 요약 :

2) 한국 아동문학의 아버지인 방정환 선생님의 동화책 『사랑의 선물』에 대한 책 소개입니다. 책 소개 내용을 읽고 짧게 요약해 봅시다.

동화책 『사랑의 선물』

『사랑의 선물』은 1922년 방정환이 개벽사에서 출간한 '세계명작동화집'이다. 본문은 200쪽 분량인데, 한글로 번안됐다. 동화, 아동소설, 전래동화, 창작동화, 동화극 등 외국명작을 번안했다. 동화의 주요 메시지는 학대받는 어린이에 대한 관심과 천도교의 이상 세계를 구현하고자 하였다. 1920년대 2만 부가 판매될 정도로 베스트셀러였다.

두 줄 요약 :

📚 학습용어

다음에 제시된 용어의 뜻을 사전에서 찾아 쓰고, 의미를 이해해 봅시다.

학습용어	뜻
요약	
중심 내용	
정보	
선택	
삭제	
일반화	
재구성	

2. 생각 펼치기

1) 요약문 쓰기

'요약문'은 다음의 규칙을 생각하면서 써 본다.

①	글을 읽고 주장과 근거를 바탕으로 글의 구조와 중심 내용을 분석·종합한다.
②	글을 읽으면서 내가 이해한 내용을 핵심 단어로 정리한다.
③	핵심 내용을 글로 간추려서 표현한다.

'요약문 쓰기'는 한국어로 된 글의 구조와 한국인의 표현방식을 쉽게 습득할 수 있게 해준다. 따라서 '요약문 쓰기' 활동은 학생들이 글의 내용을 정확하게 이해할 수 있도록 해주며 교양수업과 전공수업 영역의 학문 활동에 도움을 준다. 요약문을 잘 쓰려면 요약하기의 원리를 먼저 이해할 필요가 있다. 반 다이크(Vam Dijk, 1971)는 요약하기 규칙을 다음의 네 가지로 정리하고 있다.

(1) 삭제

주어진 텍스트에서 부적절한 정보, 반복된 정보를 삭제한다. 주제와 관련이 없는 명제나 중요하지 않은 명제, 부적절한 명제를 삭제한다.

> ① 다프나는 전공 과제를 사이버캠퍼스 온라인 과제 창에 올리고 난 후 교수님 이메일로도 과제를 제출했다.

> ② 다프나는 과제를 온라인으로 제출했다.

(2) 선택

중심 내용이 명시적으로 주어졌을 때 그 명제를 선택한다. 글을 요약할 때 주제 문장이 분명하게 나타나면 주제 문장을 선택하고 보조하는 문장은 삭제한다.

> ① 다프나는 경주에 가서 한국 문화를 체험했다. 경주는 천 년 동안 번영했던 신라의 옛 수도이다. 경주에는 첨성대, 석굴암 등 신라시대의 유적이 많이 남아 있다. 다프나는 경주에서 한지 종이 만들기, 널뛰기, 떡 만들기 등 한국 문화를 체험하고 전통 음식도 맛있게 먹었다.

> ② 다프나는 경주에 가서 한국 문화를 체험했다.

(3) 일반화

　일반화는 구체적인 개념 또는 명제를 포괄하는 일반적인 의미로 문장을 바꾸는 것이다. 일반화는 연속되는 명제를 그것보다 상위의 개념 명제로 바꾸는 것이다.

　① 다프나는 한국의 독특한 찜질방을 좋아한다. 한국 전통 옷인 한복은 우아하고 색깔이 예뻐서 아름답다. 주말에는 경기도 용인에 위치한 한국 민속촌에 가는 것도 좋아한다. 무더운 여름에 한국 민속촌에 가면 귀신의 집 체험, 수박서리, 물총싸움도 경험할 수 있다. 가끔 서울에 있는 홍대나 성수동 거리에서 K-POP 공연을 보는 것도 좋다.

　② 다프나는 한국 문화 체험을 좋아한다.

(4) 재구성

재구성은 연속되는 하위 명제를 포괄하는 거시 명제가 텍스트에 명시적으로 드러나지 않을 때 활용한다. 독자는 연속되는 명제를 대체할 수 있는 거시 명제를 새롭게 구성해야 한다.

① 다프나는 가족들과 함께 인사동으로 갔다. 인사동에는 유명한 한정식 식당이 많이 있다. 다프나는 가족들과 함께 한정식 식당에서 점심을 먹기로 했다. 방안에는 병풍이 우아하게 펼쳐져 있었다. 방 가운데에는 소갈비찜, 황태구이, 구절판, 수육, 호박전, 산적, 고사리나물, 잡채, 탕평채 등 한국 음식이 한가득 차려져 있었다. 후식으로 수정과와 한과가 나왔다.
저녁에는 북촌에 있는 사찰 음식 전문 식당으로 이동했다. 그곳에서 연잎밥과 더덕구이, 된장찌개를 먹었다. 저녁 식사가 끝나자 오미자차와 약과가 후식으로 나왔다.

② 다프나는 가족들과 한국의 전통 음식을 먹었다.

2) 한국에서 유명한 시인 김소월의 〈초혼〉입니다. 시인 김소월은 〈초혼〉, 〈산유화〉, 〈먼 후일〉, 〈가는 길〉, 〈엄마야 누나야〉, 〈개여울〉 등 불멸의 시를 많이 남겼습니다. 〈초혼〉과 〈개여울〉에는 이별에 대한 서정적 감정이 잘 나타나 있습니다. 〈초혼〉은 이별과 사랑의 감정, 상대에 대한 기억, 순수한 사랑이 녹아 있습니다. 〈개여울〉은 정미조가 대중가요로 불렀으며, 잊을 수 없는 기억의 약속에 대한 마음을 드러내고 있습니다. 두 편의 시는 서정의 세계를 잘 표현하고 있어 한국인들이 좋아하는 시입니다. 〈초혼〉과 〈개여울〉 시를 읽고 느낌과 생각을 글로 정리해 봅시다.

〈초혼〉

산산이 부서진 이름이여!
허공중에 헤어진 이름이여!
불러도 주인 없는 이름이여!
부르다가 내가 죽을 이름이여!

심중에 남아 있는 말 한 마디는
끝끝내 마저 하지 못하였구나.
사랑하던 그 사람이여!
사랑하던 그 사람이여!

붉은 해는 서산마루에 걸리었다.
사슴의 무리도 슬피 운다.
떨어져 나가 앉은 산위에서
나는 그대의 이름을 부르노라.

설움에 겹도록 부르노라.
설움에 겹도록 부르노라.
부르는 소리는 비껴가지만
하늘과 땅 사이가 너무 넓구나.

선 채로 이 자리에 돌이 되어도
부르다가 내가 죽을 이름이여!
사랑하던 그 사람이여
사랑하던 그 사람이여!

〈개여울〉

당신은 무슨 일로
그리합니까?
홀로이 개여울에 주저앉아서

파릇한 풀포기가
돋아 나오고
잔물이 봄바람에 해적일 때에

가도 아주 가지는
안 노라시던
그런 약속이 있었겠지요

날마다 개여울에
나와 앉아서
하염없이 무엇을 생각합니다

가도 아주 가지는
안 노라심은
굳이 잊지 말라는 부탁인지요

한 문장 요약 :

한 문장 요약 :

3) 다음의 글을 읽고 각 단락의 중심 문장을 찾아서 짧게 요약해 봅시다.

　첫째, 작가는 로맨스와 모험서사를 통해 인간과 외계인의 공존 가능성을 열어놓았다. 『지저인 오리거』는 로맨스와 모험의 서사구조를 활용해 독자의 흥미를 높이는 전략을 취했다. 과학소설로서의 면모를 갖추기 위해서 활용된 인체동면 기술은 오늘날 일반적인 과학 지식으로 받아들여지고 있다.

　둘째, 작가는 추리와 모험 서사를 활용해 인간과 외계인의 불완전한 공존과 위험성을 경고한다. 『사건, 2732년!』은 근미래의 공간인 지구 전체가 외계인의 실험실이라는 가정 하에 디스토피아적인 세계를 구현하고 있다. 주인공은 탐정으로서의 면모나 모험소설에서 나타나는 액션 영웅적인 성격이 보이지만 주인공의 행동은 단순한 모험에 그치지 않는다.

-장수경, 「오영민 SF의 서사구조 양상과 의미」

요약하기 :

3. 생각 정리

1) 다음의 글은 드라마 〈라켓소년단〉이 대중적으로 성공한 요인에 대한 글입니다. 이 글을 읽고 짧게 요약해 봅시다.

드라마 〈라켓소년단〉이 흥행에 성공할 수 있었던 요인을 정리하면 다음과 같다.

이 드라마는 다양한 청소년 시청자가 즐길 수 있는 서사전략을 세 가지 차원에서 시도했다. 먼저 이 드라마는 스포츠 장르의 성격을 강화하는 데 집중하였다. 극의 현실성을 부여하기 위해 배드민턴 국가대표로부터 자문과 훈련을 받아 출연진들이 생동감 있는 경기 장면을 연출해냈다. 두 번째로는 연애스토리의 문법을 강화하였다. 인물들은 첫사랑의 감정을 직접적인 화법으로 제시한다는 점에서 기존의 연애스토리의 문법을 따르고 있다. 또한 주인공들은 '호감이 있는 사람'에서 서로에게 힘이 되어주고 '응원해주는 사람'으로 관계를 발전시킨다는 점에서 건

강한 사랑의 모습을 보여준다. 세 번째로 또래집단과 관계 맺기를 통해 등장인물들이 함께 성장하는 모습을 보여준다. 이 작품에서는 '학교'나 '집'처럼 좁은 공간이 아닌 '들판', '바다' 등의 넓은 공간에서 인물들이 마음을 열고 친구들과 서로 소통하며 자유롭게 성장한다는 점에서 새로운 세계로 나아가도록 추동해준다.

-장수경, 「드라마 〈라켓소년단〉의 청소년 캐릭터와 서사전략 연구」

요약하기 :

2) 백희나의 그림책 〈달샤베트〉에 대해 쓴 글입니다. 다음 글을 읽고 한국의 '아파트' 문화에
   대해 조원들과 이야기를 나눈 후 공통된 의견을 요약 정리해 봅시다.

백희나는『달샤베트』,『어제저녁』,『알 
사탕』,『나는 개다』의 그림책에서 아파
트를 주요 공간으로 설정하고 있다.『달
샤베트』는 한국의 대표적인 주거공간인
아파트를 배경으로 펼쳐진다. 작품의 첫
장면은 아파트의 표상에서 폐쇄된 채 살
아가는 현대인의 삶을 그림의 전체 이미
지로 보여준다.

그림을 보면 크기와 구조가 표준화되고 획일성을 상징하는 아파트의 내부를 여러 칸
의 분할된 화면으로, 즉 거울을 붙여놓은 것처럼 하나의 단면 이미지로 보여준다. 아파트
는 한 건물 안에서 똑같은 모양의 유닛(unit)이 층별로 반복되고, 실내 공간도 동일한 구
조를 띠며 각각의 집마다 비슷한 가구와 가전제품들로 배치하는 방식도 유사할 정도로
정형화된 패턴이 특징이다. 거실의 단면을 보면 실내장식도 유사하며, TV와 소파가 마주
보는 방향성까지 거의 통일되어 있다. 이처럼 아파트는 함께 거주하는 사람들의 집단적
동질성을 상징적으로 보여준다. 성냥갑 형태의 공간이 층층이 쌓인 아파트, 이 동일한 구
조물 안에서 사람들은 무더운 여름 창문을 꼭꼭 닫고 인공물(선풍기와 에어컨)에 의지해
잠을 청하는 것도 동일하다. 아파트는 건물들의 배치, 구조의 동일성, 주거공간과 그 장
소에 사는 사람들을 종으로 횡으로 반복 배치하면서 그들의 사고방식까지 유사한 방식
으로 지배한다.

-장수경,「백희나 그림책에 나타난 헤테로토피아」

요약하기 :

9장

주제 정하기

1. 생각 열기

한국 드라마나 영화를 볼 때마다 우리는 고민한다. 그 드라마의 주제가 뭐지? 그 영화의 메시지는 뭘까? 우리가 좋아하는 방탄소년단의 '다이너마이트' 노래의 주제는 무엇일까? 또는 블랙핑크의 'love sick girl'에서 말하고자 하는 메시지는 무엇일까? 주제는 모든 텍스트에 들어 있는 가장 중요한 메시지다.

모든 글이나 말에는 지은이가 표현하는 주된 메시지가 있다. 이것을 주제라 한다. 사전에서 설명하는 주제는 '대화나 연구 따위에서 중심이 되는 문제' 또는 '예술작품에서 지은이가 나타내고자 하는 기본적인 사상'이라고 정의한다.

〈다이너마이트(Dynamite)〉 - 방탄소년단

그러니까 내가 불을 가져오는 걸 지켜봐. (모두 이 노래 알지?)
So watch me bring the fire (everyone knows this song, right?)

그리고 밤을 밝히세요. (가자, 헤이!)
And set the night alight (let's go, hey!)

신발을 신고, 아침에 일어나세요.
Shoes on, get up in the morn'

우유 한 잔, 신나게 놀아보자. (uh-huh, whoo)
Cup of milk, let's rock and roll (uh-huh, whoo)

킹콩, 드럼을 걷어차.
King Kong, kick the drum

구르는 돌처럼 굴러가네. (워-워-워-오)
Rolling on like a rolling stone (whoa-whoa-whoa-oh)

집에 갈 때 노래를 불러요.
Sing-song when I'm walking home

위로 뛰어올라 LeBron. (오케이, 오케이)
Jump up to the top, LeBron (okay, okay)

딩동아 내 전화로 전화해.
Ding-dong, call me on my phone

아이스티와 탁구 게임 (가자, 헤이, 에이)
Ice tea, and a game of ping-pong (let's go, hey, ay)

점점 무거워지고 있는데, 베이스 붐이 들리나요?
This is getting heavy, can you hear the bass boom?

난 준비됐어. (후후)
I'm ready (whoo-hoo)

인생은 꿀처럼 달콤해, yeah, 이 비트는 돈처럼 챠칭, huh
Life is sweet as honey, yeah, this beat cha-ching like money, huh

디스코 과부하, 난 거기에 빠져있어, 가도 좋아.
Disco overload, I'm into that, I'm good to go

나는 다이아몬드야, 내가 빛난다는 거 알잖아.
I'm diamond, you know I glow up

다들 가자!
Everybody, let's go

　많은 사람들이 좋아하는 방탄소년단의 대표적인 노래 〈다이너마이트(Dynamite)〉의 주제는 무엇일까? 텍스트를 읽거나 영상물을 볼 때 가장 중요한 것은 그 안에 담긴 메시지, 즉 주제를 찾는 것이다. 어떤 텍스트를 끝까지 읽고도 주제를 파악하지 못했다면, 그것은 잘 읽었다고 할 수 없다. 노래 역시 마찬가지다. 노래를 다 듣고도 그 주제가 무엇인지 도출하지 못한다면, 계속해서 다시 들으며 주제를 찾아야 한다. 주제는 텍스트에서 가장 중요한 요소이기 때문이다.

　앞에서 예로 든 방탄소년단의 노래 〈다이너마이트(Dynamite)〉의 주제는 '우리 모두 힘들지만, 그래도 함께 일상을 즐겁게 살아가자'이다. 이 노래는 밝고 신나는 분위기로 팬들에게 위로와 힘을 전한다. 일상생활에서 느낄 수 있는 소소한 행복을 노래하며, 우리에게 즐겁고 행복하게 살아갈 것을 강조한다. 이처럼 주제를 파악하면 텍스트나 노래의 내용을 훨씬 더 쉽게 이해할 수 있다.

표준국어대사전에서 '주제'는 다음과 같이 정의되어 있다.

주제

1. 대화나 연구 따위에서 중심이 되는 문제.

   예) 논문의 주제, 세미나 발표 주제

2. 예술 작품에서 지은이가 나타내고자 하는 기본적인 사상.

   예) 〈흥부전〉의 주제, 〈신데렐라 이야기〉의 주제

3. 음악 하나의 악곡을 이루는 중심 악상. 악곡의 전부 또는 일부분의 기초가 되어, 그 선율적·화성적·율동적 발전이 악곡을 다양하게 전개한다.

- 표준국어대사전

글을 쓸 때 우리는 육하원칙에 따른다. 즉, '누가, 언제, 어디서, 무엇을, 왜, 어떻게'에 따라 글을 구성한다. 따라서 글을 읽을 때에도 '누가 썼는가?', '무엇에 대해 썼는가?', '왜 썼는가?'와 같은 질문을 하며 내용을 이해하려고 한다. 이러한 질문을 바탕으로 글의 주제를 찾을 수 있다. 다음은 글의 주제를 잘 표현하기 위한 방법이다.

주제를 잘 표현하려면

1. 짧고 뚜렷하게 : 짧고 뚜렷한 표현은 군더더기가 없고, 주어·서술어가 가까이 놓여 있으며, 길이가 짧고, 글꼬리가 단정적이어서 필자의 의도가 뚜렷이 나타나는 글이다.

2. 재미있게 : 비유·비교를 사용하거나, 문장의 구조·형태를 바꾸거나, 재미·효과를 노리는 표현을 사용하는 따위다.

3. 문장부호는 적절히 : 쉼표로 쉼과 리듬을 가늠하게 하고, 따옴표·드러냄표로 시각적 효과를 풍기게 하고 (후략)

- 장하늘, 『글 고치기 전략』, 다산북스, 2006.

글의 주제는 그 글의 핵심이다. 한 편의 글에는 반드시 하나의 주제가 담겨 있다. 마치 벌집의 각 칸마다 하나의 알이 들어 있듯이, 글 한 편 한 편에는 하나의 주제가 존재한다. 주제를 통해 글쓴이는 말하고자 하는 바를 펼쳐 보이며, 글을 읽는 사람은 주제를 통해 글의 전체적인 내용을 이해할 수 있다. 또한 주제를 통해 글쓴이의 생각을 엿볼 수도 있다.

누구나 어릴 적 추억 한두 가지는 갖고 있다. 가끔씩 이 추억을 꺼내보면서 어린 시절의 나를 회상한다. 어린 시절의 추억이 주는 메시지는 무엇일까? 다음은 누구에게나 있을 법한 어릴 적 추억 중 하나이다. 다음 글의 주제를 찾아 봅시다.

어릴 적 어느 겨울날, 세상은 설탕을 뿌린 것처럼 새하얬다. 나는 엄마아빠와 함께 차를 타고 가다가 창문 밖에서 펑펑 쏟아지는 눈을 보고 가만있을 수가 없었다. "아빠, 눈 만지고 싶어요!" 하고 졸라서 차가 멈추자, 나는 폴짝 뛰어내려 눈밭으로 달려갔다. 차가운 눈이 얼굴에 닿았지만 하나도 춥지 않았고, 마치 눈이 나와 놀아주는 것 같아 계속 웃으며 뛰어다녔다.

그날 이후로 눈이 오는 날이면 나는 아직도 그 작은 아이가 된 것처럼 마음이 들뜬다. 하얀 눈이 내리면, 추운 겨울도 살짝 웃는 것 같고, 내 마음도 덩달아 따뜻해진다. 눈은 지금도 매년 나에게 그날의 즐거움을 살짝 안겨준다.

-학생글

이 글의 주제 :

위 글의 주제는 무엇일까? 어린 시절의 추억을 소재로 글쓴이는 무엇을 말하고 싶은 것일까? 주제는 글쓴이가 말하고자 하는 핵심적인 내용이다. 주제를 찾아내면, 이를 바탕으로 전체적인 글의 내용을 이해할 수 있고 글의 분위기도 파악할 수 있게 된다.

다음에 제시된 용어의 뜻을 사전에서 찾아 쓰고, 의미를 이해해 봅시다.

학습용어	뜻
주제	
메시지	
글쓴이	
읽는이	
분위기	
핵심	

2. 생각 펼치기

1) 다음에 제시된 사진을 보며 떠오르는 생각을 자유롭게 메모해 봅시다.

사진	생각

2) 다음에 제시된 글을 읽고 주제를 찾아 봅시다.

수아는 한국에서 공부하는 유학생입니다. 수아는 아침마다 커피를 마십니다. 커피를 마시면 기분이 좋아집니다. 오늘 아침 수아는 아주 피곤했습니다. 그래서 커피를 두 잔 마셨습니다. 하지만 더 졸렸습니다. 수아는 생각했습니다. "왜 계속 더 졸리지?" 수아는 컵을 다시 봤습니다. 그 컵에는 '소금'이라고 써 있었습니다. 수아는 커피가 아니라 소금물을 마셨던 것이었습니다. 수아는 크게 웃었습니다. 수아는 아침 커피 대신 소금물을 마시고 학교에 갔습니다. 소금물과 커피도 구분하지 못했던 자신의 상태가 어이가 없었습니다.

이 글의 주제 :

　민호는 이번주 일요일 오후 세 시에 도서관에서 친구와 만나기로 약속을 했습니다. 하지만 민호는 일요일 아침부터 집에서 게임을 했습니다. 시간 가는 줄 모르고 게임에 열중했습니다. 정신을 차려보니 이미 네 시가 다 되어가고 있었습니다. 친구는 도서관 앞에서 민호를 계속 기다리고 있었습니다. 민호는 부리나케 도서

관으로 달려갔고, 결국은 두 시간이나 늦게 도착했습니다. 친구는 말했습니다. "뭐야. 우리 세 시에 만나기로 한 것 아니었어?" 민호는 친구에게 정말 미안했습니다. "정말 미안해. 내가 시간을 확인하지 못했어. 다음부터는 약속을 꼭 잘 지킬게. 한번만 용서해주라." 그날 민호는 알았습니다. 사람은 약속을 잘 지켜야 합니다.

이 글의 주제 :

　오늘도 하루를 보내며 생각했다. 나는 어떻게 살아야 할까?

　학교에 갔고, 친구를 만났다. 친구는 조금 힘들어 보였다. 나는 친구의 이야기를 잘 들어주었다. 저녁에 집에 와서 여러 가지 생각을 했다. 돈이 많으면 좋겠다. 성공하면 좋겠다. 하지만 나의 삶에 이것이 전부는 아닐 것이다.

　사람에게는 사람이 필요하다. 혼자 살아가는 세상이 아니니까. 혼자서는 살 수 없다. 다른 사람의 말을 잘 들어야 하고, 나의 생각도 잘 말할 수 있어야 한다. 약속을 지키는 것도 중요하다. 그리고 나에게도 솔직해야 한다. 그래서 나와의 소통도 잘 하며 살아야 한다. 나는 완벽한 사람이 아니다. 그래도 매일 조금씩이라도 좋은 사람이 되고 싶다. 오늘보다 내일 더 팬찮은 사람으로 살고 싶다. 오늘의 나는 이런 생각으로 하루를 마무리하며 잠을 잔다.

이 글의 주제 :

2) 다음에 제시된 시의 주제가 무엇인지 이야기해 봅시다.

〈빈녀음(貧女吟)〉 - 허난설헌

차가운 밤,
내 손에 가위 하나 들려 있다.
남의 혼례를 위해
고운 옷을 지어 주지만,
열 손가락은 얼어 가고
내 몸을 덮을 옷은 없다.
해마다 다른 여인은 시집가는데
나는 또 혼자 잠자리에 든다.

이 시의 주제 :

〈진달래꽃〉 - 김소월

나 보기가 역겨워
가실 때에는
말없이 고이 보내 드리오리다

영변에 약산
진달래꽃
아름 따다 가실 길에 뿌리오리다.

가시는 걸음걸음
놓인 그 꽃을
사뿐히 즈려 밟고 가시옵소서

나 보기가 역겨워
가실 때에는
죽어도 아니 눈물 흘리오리다.

이 시의 주제 :

3. 생각 정리

1) '나의 어린 시절'을 떠올리며, 나는 어떤 아이였는지 이야기해 봅시다.

어릴 적 나는

2) 평소에 내가 관심을 갖고 있는 분야에 대해 주제를 정하고 짧은 글을 써 봅시다.

관심 분야 예시 : 날씨, 친구, 여행, 취미, 꿈, 음식, 고향 등

주제 :

제목 :

10장

개요 짜기

1. 생각 열기

집을 지을 때 제일 중요한 것은 건축 설계도이다. 집을 설계할 때는 한 집에서 거주할 구성원의 수, 성격, 직업, 성별, 나이 등 다양한 요소들이 고려되어야 한다. 글쓰기도 마찬가지다. 우리가 글을 쓸 때 주제에 맞도록 글을 쓰기 위해서는 처음-중간-끝에 해당하는 글의 구조와 내용을 논리적으로 잘 배열해야 한다.

글쓰기에서 '개요'란 자신이 쓰고자 하는 글을 어떻게 효율적으로 배치할 것인지를 글의 중요도에 따라 설계하는 글쓰기의 기초 과정이다.

표준국어대사전에서 '개요'와 '개요도' 그리고 '짜다'는 다음과 같이 정의되어 있다.

1. 개요

간결하게 추려낸 주요 내용.

예) 세계사 개요.

예) 사건의 개요를 서술하다.

2. 개요도

대강의 중요한 구조나 내용 따위를 나타낸 그림.

예) 개요도를 작성한 다음 논술문을 쓰시오.

3. 짜다

계획이나 일정 따위를 세우다.

예) 생활 계획표를 짜다.

예) 시간표를 짜다.

예) 여행 일정을 짜다.

예) 감독은 이번 경기에서 꼭 이기기 위하여 새로운 작전을 짰다.

예) 어머니는 매일 새로운 식단을 짜서 가족들의 입을 즐겁게 하였다.

- 표준국어대사전

대학생이 되면 자신만의 방을 꾸미고 싶은 욕망이 생긴다. 대부분의 학생들은 고등학교 시절과는 차별화된 건축자재, 가구, 조명 등을 활용해서 대학생이 된 나만의 특별한 방을 갖고 싶다고 말한다. 만약 나에게 리모델링 비용이 충분히 있고 시간도 여유롭다면 어떤 스타일의 방으로 인테리어를 바꾸면 좋을까. 인테리어 디자이너를 만나서 상담하러 간다고 상상해 보자. 나는 무엇을 요구하고 싶은가? 단순히 '내 방을 바꾸고 싶다'가 아니라 특별한 나만의 방을 주문하고 싶다면 말이다. 내 방의 리모델링을 하려면 무엇 무엇을 바꾸고 싶은가? 또 어떤 스타일과 건축자재를 활용하고 싶은가.

내가 꾸미고 싶은 방의 모습을 떠올리며 리모델링 개요도를 그려 봅시다.

리모델링 개요도		
바닥		
벽지		
조명		
가구		

내 방의 리모델링을 하려면 우선 방의 크기와 구조를 고려해서 계획을 세워야 한다. 그런 다음 바닥재, 벽지, 조명, 가구 등을 어떻게 효율적으로 배치할 것인지 설계한다. 내 방의 리모델링을 할 때 다른 구성원의 방이나 거실, 주방, 욕실, 베란다 등 불필요한 공간에 대한 내용이 들어가면 안 된다. 내 방의 리모델링과 관련된 내용만으로 대강 중요한 단어를 요약해 볼 수 있다. 글을 쓸 때도 마찬가지이다. 글은 먼저 장르 성격이 무엇인지를 파악하는 게 중요하다. 그런 다음 글의 전체적인 구조, 순서, 전개 등을 생각하면서 설계한다.

글의 설계 및 조직화에 대한 내용을 정리하면 다음과 같다.

글의 설계 및 조직화

개요작성	글의 위계, 구조, 순서, 전개 등 전체적인 맥락을 고려하여 구나 문장으로 표현한다.
중심내용 선정 (상위 항목)	중심내용은 글의 주제를 드러내는 데 핵심적인 역할을 하는 주제 문장이다. 맥락성, 연관성, 일관성을 고려하여 각 주제 문장을 구체화하는 것이 효율적인 구성이다.
세부내용 선정 (하위 항목)	글의 중심 내용이나 주제를 분명하게 드러내기 위한 과정이다. 글의 목적과 의도에 맞도록 전략적으로 세부 내용을 구체적으로 제시하면 논리력을 확보할 수 있다.

📘 학습용어

다음에 제시된 용어의 뜻을 사전에서 찾아 쓰고, 의미를 이해해 봅시다.

학습용어	뜻
설계	
조직화	
글의 구조	
중심 내용	
세부 내용	
요점식	
문장식	

2. 생각 펼치기

국어사전에서 개요의 뜻을 찾아보면 '중요한 내용의 요점을 간추린 것'이라고 설명하고 있다. 영어로는 'outline', 'overview', 'summary'로 번역된다. 즉, 개요란 글의 전체적인 흐름과 구조를 하나의 논리적 연관 관계로 보여주는 글의 설계도라 할 수 있다. 문학적인 글인 소설의 경우 '발단-전개-위기-절정-결말'의 5단계 구성이 보편적으로 쓰인다. 신문과 같은 기사문은 '표제-전문-본문'으로 구성한다. 설명문은 '머리말-본문-맺음말'로 짠다. 대학에서 주로 쓰는 학술적인 글쓰기인 칼럼, 비평문, 보고서 등을 작성할 때 '서론-본론-결론'의 3단 구성 또는 '기-승-전-결'의 4단 구성으로 짜는 게 일반적인 방식이다. 우리는 글을 구성할 때 개요를 작성하는데, '개요'는 요점식 개요와 문장식 개요로 나눌 수 있다.

1) 요점식 개요

개요를 작성할 때는 자신이 쓰고자 하는 내용의 핵심 단어를 중심으로 배열하는 방식이 있다. 이를 우리는 요점식 개요라고 한다.

핵심 단어 중심 ⇒ 요점식 개요

'봄'하면 떠오르는 단어는?

봄 축제

학생글

　해마다 봄이 되면 전국에서 봄 축제가 시작된다. 사람들은 봄이 되면 꽃축제, 전통문화 축제, 체험형 축제, 이색·테마 축제 등에 참여하며 봄을 즐긴다.

　봄맞이 꽃 축제는 단연 진해군항제를 꼽을 수 있다. 이 축제는 경남 창원에서 열리는 데 국내 최대 벚꽃 축제로 유명하다. 태안 봄꽃 축제는 다양한 봄꽃이 만개하는 정원 축제로 유명하다. 태안 세계튤립박람회는 세계 5대 튤립 축제이다. 아울러 태안의 천리포 수목원에서 개최하는 목련 축제도 볼만하다.

　전통과 문화가 공존하는 봄 축제도 다양하게 열린다. 영암 왕인문화축제는 전통과 문화가 공존하는 축제이다. 세종 낙화축제는 불꽃과 조명으로 꾸며진 야경을 즐길 수 있다. 춘향제는 전북 남원에서 열리는데 남도의 전통문화와 공연이 함께 어우러지는 축제이다. 아산 성웅 이순신축제는 역사와 전통문화가 결합된 축제이다. 체험형 축제도 열린다. 포항 해병대 문화축제는 해병대 체험과 퍼레이드가 펼쳐진다. 진도 신비의 바닷길 축제는 바닷길이 열리는 신비로운 경험을 할 수 있어 관광객들이 해마다 많이 찾는 곳이다. 이색적인 테마 축제도 있다. 부산에서 세계 라면축제가 열리는데 이곳에서는 다양한 라면을 맛볼 수 있다. 양평 용문산 산나물축제는 건강한 먹거리 행사가 특징이다. 함평 나비축제는 나비와 봄꽃이 어우러진 자연 축제로 유명하다. 제주에서 열리는 구팔일 댕댕이 축제는 사람과 반려견이 함께 참여하는 축제이다.

　이처럼 봄이 되면 전국에서 다양한 축제가 열려서 가족과 친구들이 함께 여행 계획을 짜고 힐링 여행을 떠난다.

'봄과 축제'란 주제로 글을 쓰려고 합니다. 본문의 내용을 어떻게 구성할지 핵심 단어를 활용해 요점식 개요를 짜 봅시다.

①	
②	

2) 문장식 개요

요점식 개요가 핵심 단어를 메모하는 형식으로 간단하게 작성하는 것이라면, 문장식 개요는 생각의 깊이를 더 체계적으로 구성할 수 있다는 장점이 있다. 문장식 개요는 단어의 나열이 아니라 평서문 형태의 완성된 문장으로 작성한다.

'딸기'와 '음식'을 주제로 한 글을 쓰려고 합니다. 문장식 개요로 작성해 봅시다.

딸기 & 음식	
①	
②	
③	

3) AI 로봇과 인간 삶의 변화에 대한 글을 쓰려고 합니다. 이 주제를 신문 기사로 작성한다면 어떻게 전체 글을 배열할 것인지 요점식 또는 문장식 개요로 작성해 봅시다.

제목			
개요작성	서론		
	본론	1	
		2	
		3	
	결론		

3. 생각 정리

1) 다음은 대구광역시 중구에서 진행하는 '근대 골목 밤마실' 투어에 대한 안내설명서입니다. 이 내용을 바탕으로 나의 여행 코스를 계획한다면 어떤 순서로 공간 이동을 짜면 좋을까요. 내가 하고 싶은 장소와 체험을 선택합시다. 그런 다음 '근대 골목 밤마실' 투어에 대한 나만의 여행 계획을 짜고 문장식 개요로 써 봅시다.

내가 방문하고 싶은 장소	체험활동
①	①
②	②
③	③

2) '한국 편의점'을 주제로 한 글을 쓰려고 합니다. 다음의 글을 참고하여 글의 전체 구조를 문장식 개요로 작성해 봅시다.

한국 편의점

학생글

한국 편의점은 실내가 깔끔하고 분위기도 따뜻하다. 매장 안으로 들어가면 각종 생활용품부터 음식까지 상품이 깔끔하게 진열되어 있다. 바쁠 때 나는 햄버거, 김밥, 삼각김밥, 샌드위치, 컵밥, 라면, 도시락 등을 먹는다. 내가 한국에 와서 제일 많이 가는 곳이 편의점이다. 한국 편의점에는 내가 좋아하는 것이 많다. 소금빵, 크루아상, 치즈케이크, 약과, 구운 계란, 과자 등 다양한 먹거리가 있다. GS25, CU, 세븐일레븐, 이마트24 등 편의점마다 간판이 다르다. 하지만 매장마다 대부분 진열된 물건은 비슷하다.

나는 학교 기숙사 옆에 있는 CU를 자주 간다. 그곳에서 바나나맛우유, 요거트, 김밥, 빵, 커피도 자주 산다. 바나나맛우유는 정말 맛있다. 종종 불닭볶음면 라면도 먹고 짜파게티, 떡볶이도 먹는다. 이번 일요일에는 GS25에서 마카롱을 사서 커피와 함께 먹었다. 정말 달고 맛있었다. 종종 아침에 잠이 안 깰 때는 얼박사(박카스와 사이다를 섞어 먹는 것)와 아이스 커피를 마신다. 아이스커피는 향과 맛이 좋다. 지난주 친구 생일에는 편의점에서 케이크, 맥주, 소시지, 햄버거, 만두, 치킨, 스파게티, 어묵탕 등을 사다가 생일 파티를 열었다. 여름에는 아이스크림도 자주 사 먹는다. 한국 아이스크림은 다양한 맛이 있다. 나는 그중에서 메론맛 아이스크림을 좋아한다.

제목			
개요작성	서론		
	본론	1	
		2	
		3	
	결론		

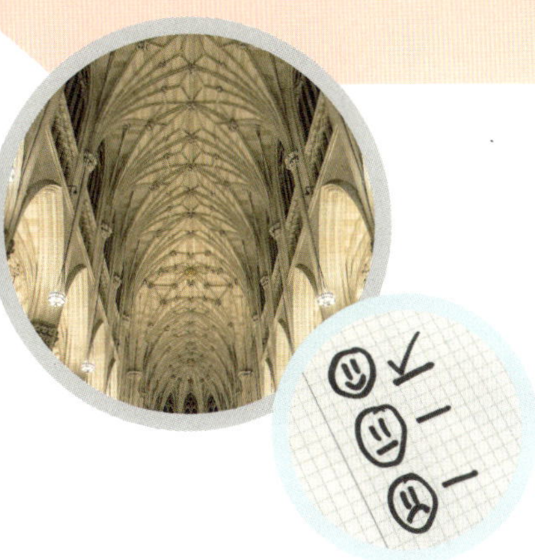

11장

단락 구성하기

1. 생각 열기

모든 글에는 처음과 중간, 그리고 끝이 존재한다. 단락은 이러한 구분을 드러내는 글의 형식이다. 글을 시작과 마무리는 도입을 위한 단락을 만들고, 결론을 짓기 위한 단락을 만드는 것과 다르지 않다. 단락의 구별이 이루어지지 않는다면, 글을 쓰는 사람이 의도했던 구상이 제대로 표현되기 어렵다.

대학생에게 필요한 논리적인 형식의 글쓰기에서라면 가장 많이 활용되는 것은 3단 구성인데, 목적과 분량에 따라 4단 구성에서 5단 구성으로까지 확장할 수 있다. 지금까지 내가 쓴 글에 단락의 구별이 있었는지 생각해 보자.

표준국어대사전에서 '문장'과 '단락'은 다음과 같이 정의되어 있다.

문장

1. 글을 뛰어나게 잘 짓는 사람.
2. 한 나라의 문명을 이룬 예악과 제도, 또는 그것을 적어놓은 글.
3. 생각이나 감정을 말과 글로 표현할 때 완결된 내용을 나타내는 최소의 단위. 주어와 서술어를 갖추고 있는 것이 원칙이나 때로 이런 것이 생략될 수도 있다. 글의 경우, 문장의 끝에 '.', '?', '!' 따위의 문장 부호를 찍는다. '철수는 몇 살이니?', '세 살.', '정말?' 따위이다.

단락

1. 일이 어느 정도 단 된 끝.

2. 긴 글을 내용에 따라 나눌 때, 하나하나의 짧은 이야기 토막.

- 표준국어대사전

한국어로 글쓰기를 배우다 보면 모국어로 글을 쓸 때와 차이가 있을 수 있다. 한국에 오기 전 내가 배운 글쓰기와 지금 배우는 한국어 글쓰기가 어떤 점에서 비슷하고 어떤 점에서 다른지 정리해 보자.

구분	모국어 글쓰기	vs	한국어 글쓰기
유사점			
차이점			

음식의 단맛을 끌어 올려주는 '설탕'에 세금을 부과하자는 논의가 있었다. 아래의 두 제시문은 이 내용을 주제로 한 신문에 실린 글이다. 두 제시문은 똑같은 글이지만 형식적인 면에서 차이가 있다. 어떤 차이가 있는지 찾아보자.

(A)

설탕세

사탕수수 즙을 짜내고 끓여 굳힌 설탕 제조법을 알고 있던 민족은 고대 인도인이지만, '원조'를 따진다면 중동이라고 할 수 있다. 설탕을 뜻하는 '슈거'는 아랍어 '스칼'에서 나왔고, 설탕을 끓여서 녹인 물인 '시럽' 역시 아랍어에서 유래했다. 십자군 전쟁과 아라비아 상인들을 통해 중동의 설탕 제조법을 익힌 유럽인들은 신대륙의 밀림을 사탕수수 농장으로 만들었다. 설탕 수요가 계속 늘자 아프리카에서 노예까지 끌어와 부를 축적했다. 그렇게 시작된 단맛의 역사는 인체엔 치명적 쓴맛을 안겼다. 17세기 영국 국왕 찰스 2세 주치의였던 토머스 윌리스는 환자들 소변이 달다는 걸 확인하고, '소변'과 '달콤하다'를 덧붙여 당뇨병이란 말을 만들었다. 불과 100년 전만 해도 당뇨는 유럽의 병이었지만, 설탕이 확산된 지금은 전 세계적 질병이 됐다. 국내 성인(30세 이상) 당뇨병 유병률은 2021년 기준 16.3%로 600만명 넘게 당뇨병을 앓고 있다. 당뇨 전단계 인구까지 더하면 성인의 절반 이상이 당뇨인이다. 최근엔 30세 미만 당뇨환자들이 13년 만에 2.2배 증가했다는 통계도 나왔다. 청량음료·주스·커피 등의 첨가당을 통한 과도한 당섭취가 원인으로 지목된다. 설탕이 과도하게 들어간 식음료에 세금을 매기자는 주장이 확산되고 있다. 세계보건기구(WHO)가 2016년 설탕세 도입을 권고한 후 영국·프랑스 등 120여 개 나라들이 설탕세를 부과하고 있다. 24일 국회에서 '설탕과다사용세(설탕세) 국회토론회'가 열렸다. 윤영호 서울의대 교수는 발제문에서 "국민 5명 중 1명, 청소년 3명 중 1명이 WHO 권고 기준을 초과해 당류를 섭취한다"며 "국민 건강 회복과 건강 불평등 해소를 위해 설탕세가 필요하다"고 주장했다. 기업에 설탕세를 부과하는데 국민 58.9%가 찬성했다는 자체 여론조사 결과, 당류 과다 섭취로 인한 사회적 비용(15조6000억원)이 흡연(11조4000억원)·음주(14조6000억원)를 뛰어넘는다는 조사 결과도 나왔다. 관건은 여론이 될 듯하다. 과도한 당류 섭취가 비만·당뇨 등의 사회적 비용을 일으킨다는 공감대가 넓어져야 또 하나의 증세라는 벽을 넘을 수 있다. 설탕은 유죄인가, 세금으로 줄일 수 있는가. 이 공론이 많아질 때가 됐다.

– 박재현 논설위원, 경향신문, 2025. 9. 24.

설탕세

사탕수수 즙을 짜내고 끓여 굳힌 설탕 제조법을 알고 있던 민족은 고대 인도인이지만, '원조'를 따진다면 중동이라고 할 수 있다. 설탕을 뜻하는 '슈거'는 아랍어 '스칼'에서 나왔고, 설탕을 끓여서 녹인 물인 '시럽' 역시 아랍어에서 유래했다. 십자군 전쟁과 아라비아 상인들을 통해 중동의 설탕 제조법을 익힌 유럽인들은 신대륙의 밀림을 사탕수수 농장으로 만들었다. 설탕 수요가 계속 늘자 아프리카에서 노예까지 끌어와 부를 축적했다.

그렇게 시작된 단맛의 역사는 인체엔 치명적 쓴맛을 안겼다. 17세기 영국 국왕 찰스 2세 주치의였던 토머스 윌리스는 환자들 소변이 달다는 걸 확인하고, '소변'과 '달콤하다'를 덧붙여 당뇨병이란 말을 만들었다. 불과 100년 전만 해도 당뇨는 유럽의 병이었지만, 설탕이 확산된 지금은 전 세계적 질병이 됐다.

국내 성인(30세 이상) 당뇨병 유병률은 2021년 기준 16.3%로 600만명 넘게 당뇨병을 앓고 있다. 당뇨 전단계 인구까지 더하면 성인의 절반 이상이 당뇨인이다. 최근엔 30세 미만 당뇨환자들이 13년 만에 2.2배 증가했다는 통계도 나왔다. 청량음료·주스·커피 등의 첨가당을 통한 과도한 당섭취가 원인으로 지목된다.

설탕이 과도하게 들어간 식음료에 세금을 매기자는 주장이 확산되고 있다. 세계보건기구(WHO)가 2016년 설탕세 도입을 권고한 후 영국·프랑스 등 120여 개 나라들이 설탕세를 부과하고 있다. 24일 국회에서 '설탕과다사용세(설탕세) 국회토론회'가 열렸다. 윤영호 서울의대 교수는 발제문에서 "국민 5명 중 1명, 청소년 3명 중 1명이 WHO 권고 기준을 초과해 당류를 섭취한다"며 "국민 건강 회복과 건강 불평등 해소를 위해 설탕세가 필요하다"고 주장했다. 기업에 설탕세를 부과하는데 국민 58.9%가 찬성했다는 자체 여론조사 결과, 당류 과다 섭취로 인한 사회적 비용(15조6000억원)이 흡연(11조4000억원)·음주(14조6000억원)를 뛰어넘는다는 조사 결과도 나왔다.

관건은 여론이 될 듯하다. 과도한 당류 섭취가 비만·당뇨 등의 사회적 비용을 일으킨다는 공감대가 넓어져야 또 하나의 증세라는 벽을 넘을 수 있다. 설탕은 유죄인가, 세금으로 줄일 수 있는가. 이 공론이 많아질 때가 됐다.

– 박재현 논설위원, 경향신문, 2025. 9. 24.

위의 두 예시문은 동일한 글의 단락 구별만을 달리해 본 것이다. 내용이 명확하며 길지 않은 분량임에도, 단락 구별을 하지 않은 첫 번째 글에서는 도입부와 마무리를 쉽게 알아보기 어렵다. 하지만 단락 구별이 이루어진 두 번째 글에서는 시작, 중간, 마무리가 명확하게 구분됨을 확인할 수 있다. 그 결과 글의 흐름이 자연스러워지고, 글의 의미를 파악하는 일도 간편해진다.

학습용어

다음에 제시된 용어의 뜻을 사전에서 찾아 쓰고, 의미를 이해해 봅시다.

학습용어	뜻
단어	
문장 부호	
설명문	
논설문	
도입부	
마무리	

2. 생각 펼치기

1) 오늘 강의 시간에는 한국어 글쓰기에서 단락의 중요성을 알아보려고 합니다. 여러분은 글을 쓸 때 단락을 구별하면서 글을 쓰는 편인가요? 제시된 글감을 각각 문장의 형태, 단락의 형태로 늘려 봅시다.

글감	문장과 단락
내가 좋아하는 음식	(문장) 나는 라면을 좋아한다.
	(단락) 나는 평소에 라면을 즐겨 먹는다. 간편하게 조리할 수 있고, 맛도 뛰어나기 때문이다. 한국에는 다양한 종류의 라면이 판매되고 있어 골라 먹는 재미도 있다. 고향으로 돌아갈 때 한국 라면을 가져 가서 가족과 친구들에게 소개하고 싶다.
내가 좋아하는 동물	
내가 가고 싶은 곳	

2) 사람들은 돈을 많이 벌어 부자가 되거나 원하는 목표를 달성했을 때 행복하다고 말합니다.
하지만 아직 부유하지 않거나 목표를 달성하지 못했다면 불행한 것일까요? 우리는 일상
생활 속에서 언제 또는 어떤 일에 대해서 행복하다고 느끼나요? 내가 행복하다고 느끼는
순간들을 떠올려 봅시다.

가장 최근 행복하다고 느낀 일은 무엇인가요?	
가장 최근 불행하다고 느낀 일은 무엇인가요?	

3) 한국어를 공부하러 온 유학생들의 '행복'에 대한 생각을 조사해 보려 합니다. 먼저 설문 조사를 위한 문항을 만들어 봅시다.

예시 질문	당신은 언제 행복하다고 생각하십니까? 네 가지 보기 중 하나를 선택해 주세요. ① 쉴 때 ② 좋아하는 것(음악, 영화, 운동, 게임 등)을 할 때 ③ 친구와 같이 있을 때 ④ 기타
질문 1	
질문 2	
질문 3	
질문 4	

4) 준비한 설문 조사 문항을 토대로 설문조사를 진행해 봅시다.

- 4~5인 기준으로 조를 편성합니다.

- 준비된 문항을 질문하면서 결과를 모아 봅시다.

- 내 생각과 다른 조원들의 의견을 비교하고, 유사점과 차이점을 찾아 봅시다.

설문 문항	내용 정리

5) 설문 결과를 토대로 유학생들이 느끼는 행복과 불행에 대해 정리해 봅시다. 제목을 만들고
단락을 구별하면서 써야 합니다.

3. 생각 정리

아래 제시된 글감 중 하나를 골라 한 편의 에세이를 만들어 봅시다. 지금까지 배운 글쓰기의
형식을 지키기 위해 단락을 구분하며 써야 합니다.

한국에서 처음 해 본 아르바이트

한국어 공부가 어려운 이유와 나의 해결 방법

내가 이해하기 어려운 한국인들의 문화

십 년 후의 나에게 보내는 편지

한국말 다듬기

1. 2024년 가장 잘 다듬은 말, '혈당 스파이크'를 '혈당 급상승'으로

2. 관혼상제 용어 개선으로 세대 간 소통 활성화

3. 꼭 가려 써야 할 일본어 투 용어 50개

2024년 가장 잘 다듬은 말,
'혈당 스파이크'를 '혈당 급상승'으로

2024년 외국 용어 76개 우리말로 다듬어
'블랙 아이스'→'도로 살얼음' 정착 단계, '옴브즈퍼슨'→'아동 권리 대변인'으로 써야

문화체육관광부와 국립국어원은 2024년 한 해 동안 우리 사회에 들어온 외국 용어 76개를 알기 쉬운 우리말로 다듬었다. 2024년 다듬은 말에 대한 국민 수용도를 조사한 결과, 가장 잘 다듬은 말로는 '혈당 스파이크'를 바꾼 '혈당 급상승'이, 쉬운 우리말로 바꿔 써야 할 외국 용어로는 '옴부즈퍼슨'이 꼽혔다.

2024년 다듬은 말은 3월부터 12월까지 총 18회의 전문가 논의와 매회 2,500명을 대상으로 국민 수용도 조사를 거쳐 선정했으며, 국어심의회 국어순화분과위원회에서 최종 결정했다.

'혈당 급상승', '금리 대폭 인하', '역량 강화' 순으로 가장 잘 다듬었다고 조사돼

〈2024년 가장 잘 다듬은 말, 1위~10위 단어〉

2024년 다듬은 말 중에서 국민들이 생각하는 가장 잘 다듬은 말로는 '혈당 급상승(혈당 스파이크), 금리 대폭 인하(빅 컷), 역량 강화(업스킬링), 금리 소폭 인하(스몰 컷), 가치 향상(밸류업)' 순으로 나타났다. 이밖에 '반려동물 돌보미(펫 시터), 책 소개 영상(북 트레일러), 교차 검증(크로스 체크)' 등도 잘 다듬은 말로 조사됐다.

'옴부즈퍼슨', '오프 리시/*오프 리쉬', '리스킬링' 등은 쉬운 우리말로 바꿔 써야

〈2024년 우리말로 바꾸어 사용하는 것이 좋을 외국어, 1~10위 단어〉

2024년 다듬은 외국 용어 중 쉬운 우리말로 바꾸어 써야 한다는 응답이 가장 많았던 용어는 '옴부즈퍼슨'이었다. '옴부즈퍼슨'은 어린이의 권리가 침해당했을 때 어린이의 권리를 보호하고 구제하는 역할을 하는 대리인을 뜻하는데 '아동 권리 대변인'으로 다듬었다. '오프 리시/*오프 리쉬', '리스킬링', '풀필먼트' 등도 쉬운 우리말로 바꿔 써야 한다는 응답이 많았다.

다듬은 말 '도로 살얼음' 국민 지지받아, 언론에서 '블랙 아이스'보다 더 많이 쓰여

　한편, 2024년 다듬은 말 선정과 별개로 다듬은 말이 그동안 얼마나 쓰이고 있는지 확인하기 위해 2021년 9월 새말 모임에서 다듬었던 말 중 하나인 '블랙 아이스'의 새말인 '도로 살얼음'의 실제 사용을 살펴봤다.

〈'블랙 아이스'와 '도로 살얼음'의 사용 추이 비교, 출처: 빅카인즈(bigkinds.or.kr)〉

　우리나라 주요 신문을 검색할 수 있는 '빅카인즈'에서 최근 10년 동안(2014년부터 2024년 말까지) 두 단어의 사용 추이를 조사한 결과, '도로 살얼음'으로 다듬었던 2021년까지는 '블랙 아이스'가 더 쓰였지만, 2022년부터는 '도로 살얼음'이 '블랙 아이스'를 앞서기 시작했으며 2023년부터는 훨씬 더 많이 쓰이는 것으로 조사됐다. 또한 언론뿐만 아니라 재난 문자에서 '도로 살얼음, 도로 위 살얼음' 등으로 활용되는 것을 보면 다듬은 말이 우리말에 스며들어 국민의 지지를 받고 있다. 앞으로도 언론과 공공기관에서 새말을 적극적으로 사용한다면 점차 국민의 지지를 받아 확산할 것으로 보인다.

　문체부와 국립국어원은 2025년에도 새롭게 유입되는 외국 용어를 신속하게 다듬어 외국 용어가 널리 사용되기 전에 쉬운 우리말로 바꾸는 노력을 지속할 계획이다. 또한 다듬은 말의 사용 추이를 지속적으로 관찰하고 분석해 국민의 지지를 받는 다듬은 말을 꾸준히 찾을 계획이다.

[붙임] 2024년 주요 다듬은 말 목록

대상 용어(원어)	다듬은 말	뜻
퀵 커머스 (quickcommerce)	빠른 배달 거래	고객이 주문한 물품을 15분에서 1시간 이내에 배송해 주는 서비스. 도심의 여러 물류 센터에 식료품이나 생필품 따위를 보관해 두고 주문이 들어오면 배송 기사에게 즉시 전달하는 방식으로 시간을 단축한다.
마더 팩토리 (motherfactory)	핵심 공장	개발과 제조의 중심이 되는 공장. 높은 품질의 제품을 연구·개발하여 부가 가치를 높이는 공정은 이곳에서 하고, 단순한 제조는 해외 공장에서 값싼 인력을 동원하여 이루어진다.
풀필먼트 (fulfilment)	물류 종합 대행	판매자에게서 위탁받은 물류 전문 업체가 상품의 보관, 포장, 배송, 반품, 재고 관리 등 물류의 전 과정을 대행하는 일. 또는 그런 시스템.
핀플루언서 (finfluencer)	금융 여론 형성자	금융(finance)과 인플루언서(influencer)를 합친 말로, 누리소통망(SNS)을 이용해 금융 산업과 관련한 정보를 제공하고 금융 소비자들에게 영향력을 행사하는 사람.
밸류업 (valueup)	가치 향상	기업이나 조직 등의 가치를 높이려고 제품, 서비스, 프로세스, 시스템, 조직 문화 등 다양한 측면에서 노력하는 것.
스마트 팩토리 (smartfactory)	첨단 자동 공장	첨단 정보 통신 기술을 기반으로 제품 생산이 자동으로 이루어지는 공장.
스마트 오피스 (smartoffice)	첨단 정보형 사무실	번잡한 도심 대신 주거지와 가까운 곳에 있고, 아이티(IT) 산업을 기반으로 하여 원격 근무를 할 수 있는 사무실.
스마트 톨링 (smarttolling)	자동 요금 징수	영상 인식이나 무선 통신 기술 등을 이용하여, 고속 도로나 유료 도로를 빠르게 달리고 있는 차량의 통행료를 자동으로 징수하는 시스템.
멀티모달 (multimodal←multimodality)	다중 양식	텍스트, 이미지, 음성, 영상 등 다양한 데이터 양식을 함께 처리하는 양식.
레터 피싱 (letterphishing)	우편물 빙자 사기	가짜 출석 요구서 등의 우편물을 보낸 뒤 보이스 피싱을 유도하는 사기 수법. 우편물에 적힌 수사 기관 등에 전화하면 보이스 피싱으로 금전적 피해를 보게 된다.
파이어족 (FIRE族)	조기 자립 은퇴족	근검절약하여 짧은 시간 동안 은퇴 이후에 필요한 자금을 모두 마련한 후 30대 후반에서 40대 초반 정도의 이른 나이에 은퇴하는 것을 목표로 하는 사람. 또는 그런 무리.
크로스 체크 (cross-check)	교차 검증	서로 다른 복수의 관점, 방법, 자료 따위를 대조하여 정보나 보고 따위를 검사하는 일. 또는 그러한 검사 방법.

대상 용어(원어)	다듬은 말	뜻
멀티 제너레이션 (Multi Generation)	여러 세대	초고령화와 평균 수명 연장으로 인해 여러 세대가 공존하는 세대.
블랙 라벨 (black label)	최상급	기존 의류 브랜드보다 뛰어난 디자인과 품질을 갖추고 소재를 고급화하여 제품의 가격을 높인 것. 외국의 의류 기업들이 검은색 라벨을 붙여 품질을 고급화하고 가격을 높이기 시작하면서 명품 브랜드를 의미하는 용어로 널리 사용되기 시작하였다.
리빌딩 (rebuilding)	재정비	야구, 농구, 축구 따위의 팀에서 전력 보강을 위해 기존 선수를 방출하거나 새 선수를 기용하는 일.
리스킬링 (reskilling)	직무 전환 교육	직무 전환을 위해 새로운 기술을 배우는 것.
업스킬링 (upskilling)	역량 강화	지금 하고 있는 일을 더 잘하거나 복잡한 역할을 수행할 수 있도록 숙련도를 높이는 것.
혈당 스파이크 (血糖 spike)	혈당 급상승	식사 후에 급격하게 나타나는 혈당 상승.
로컬 브랜드 (local brand)	지역 상표 / 지역 대표 상표	특정 지역에서 생산되거나, 특정 지역과 관련된 품목을 판매하는 기업. 또는 그런 기업의 상표.
로코노미 (loconomy←local+economy)	지역 특화 경제	지역(local)과 경제(economy)의 합성어로 지역 특산물과 고유문화를 활용한 상품을 소비하는 경제 현상.
오프 리시/ *오프 리쉬 (off leash)	목줄 미착용	off(~로부터 떨어진)와 leash(줄)의 합성어로, 반려견이 목줄을 착용하지 않은 것.
테라리엄/ *테라리움 (terrarium)	유리병 정원	원예에서, 밀폐된 유리그릇이나 아가리가 작은 유리병 따위의 안에 작은 식물을 재배하는 방법. 또는 그 유리 용기.
아트테리어 (arterior←art+interior)	예술 인테리어/ 예술 장식	아트(art)와 인테리어(interior)의 합성어로 예술가 재능을 활용해 소상공인 매장 내외부 디자인을 개선하고, 상품과 서비스 마케팅에 예술적 요소를 결합하는 것.
펫테리어 (peterior←pet+interior)	반려동물 인테리어/ 동물 친화 장식	반려동물을 위한 인테리어. 반려동물을 뜻하는 펫(pet)과 인테리어(interior)를 합친 말.
펫 시터 (pet sitter)	반려동물 돌보미	주인 대신에 반려동물을 돌보는 일을 하는 사람. '베이비시터'에서 유추하여 만든 말.
헬시 플레저 (healthy pleasure)	즐기는 건강 관리	스트레스 없이 즐겁고 활기차게 건강을 관리하는 것. '건강(health)'과 '기쁨(pleasure)'을 합친 말.
슬로에이징 (slow-aging)	느린 노화 / 천천히 늙기	노화를 자연스럽게 받아들이되 건강한 아름다움을 최대한 유지하면서 천천히 나이 들어가는 것.

대상 용어(원어)	다듬은 말	뜻
옴부즈퍼슨 (ombudsperson)	[1] 민원 도우미 [2] 아동 권리 대변인	① 공공 기관 등의 불합리한 제도나 행정으로 인하여 국민의 자유와 권익이 침해되지 않도록 감시하는 역할을 맡은 사람. ② 아동의 권리가 침해당했을 때 아동의 대리인으로서 고충을 접수하고, 중립적 입장에서 조사하여 필요한 경우 시정조치를 권고하여 아동의 권리를 보호하거나 구제하기 위한 기능을 수행하는 대리인.
시즌 그리팅 (season's greetings)	[1] 새해 인사 [2] 새해 인사 상품	① 새해를 축하하는 인사. ② 특정 연예인의 모습이 담긴 달력, 다이어리, 포스터, 디브이디(DVD) 따위를 한 세트로 구성하여 연말연시에 판매하는 상품.
카르텔 (kartell/cartel)	[1] 기업 연합 [2] 「2」담합 집단/ 이권 공동체	① 동일 업종의 기업이 경쟁의 제한 또는 완화를 목적으로 가격, 생산량, 상품이 팔리는 방면 따위에 대하여 협정을 맺는 것으로 형성하는 독점 형태. 또는 그 협정. 각 기업의 독립성이 유지되고 있는 점에서 트러스트(trust)와는 다르다. ② 특정 집단이나 기업들이 자신들의 경제적 이익을 보호하고 확대하며 증진하려고 서로 협력하고 경쟁을 제한하며 시장을 통제하는 행위 또는 그러한 집단.
패밀리 오피스 (family office)	집안 자산 관리사	초고액 자산가들이 개인 자산을 운용하고 관리하기 위해 설립한 별도의 자산운용사.
딥페이크(deepfake)	인공 지능 조작 영상	인공 지능 기술을 이용하여 기존 인물의 얼굴이나, 특정 부위를 합성한 영상 편집물. 인공 지능 심층 학습을 뜻하는 '디프러닝(deep learning)'과 '가짜'를 뜻하는 '페이크(fake)'를 합친 말. ※ '딥페이크'는 '(인공지능 기반) 첨단 조작 기술'로 다듬은 바 있음. 다듬은 말 추가.
톱티어/*탑티어 (toptier)	최상위, 최고 수준	어떤 분야에서 가치나 수준 따위가 가장 높은 자리에 있는 지위나 부류.
레토릭 (rhetoric)	미사여구	화려한 문체나 다소 과장되게 꾸민 미사여구.
포토 덤프 (photo dump)	사진 꾸러미	하나의 게시물에 일상과 취향이 담긴 여러 장의 사진을 첨부하고 자유롭게 코멘트를 달아 기록하는 소셜 미디어 트렌드. 사진을 뜻하는 포토(Photo)와 전산 용어로서 메모리를 기록 매체에 저장한다는 뜻인 덤프(Dump)를 합친 말.
텍스트 힙 (text hip)	독서 공유	젊은 층이 일종의 유행처럼 책을 소비하는 방식. 글자를 뜻하는 '텍스트'와 멋있다는 뜻의 은어인 '힙하다'를 합친 말.
요노족 (YONO族, YONO: You Only Need One)	알뜰족	불필요한 물건 구매는 최대한 자제하고 꼭 필요한 것만 사는 소비자.

대상 용어(원어)	다듬은 말	뜻
욜로족 (YOLO族, YOLO: You Only Live Once)	오늘 살이족	현재의 행복을 중요하게 여기며 생활하는 사람. 또는 그런 무리.
북 트레일러 (booktrailer)	책 소개 영상	책 내용을 영화 예고편처럼 편집해서 소개하는 영상.
폴리테이너 (politainer ←politician+entertainer)	정치 참여 연예인	정치에 적극적으로 참여하는 연예인.
옴니보어 (omnivores)	다취향인	원래 '잡식성'이라는 뜻이지만, 파생적으로 "여러 분야에 관심을 갖다."라는 뜻. 특정 분야에 얽매이지 않는 폭넓은 문화 취향을 가진 사람. 또는 주어진 고정관념에 얽매이지 않는 자신만의 소비 스타일을 가진 소비자.
리와일딩 (rewilding)	야생 복원	'다시'라는 뜻의 're'와 '야생의'라는 뜻의 'wilding'을 합친 말. 다시 야생으로 돌린다는 뜻. 새로운 자연 보전 접근법으로, 자연 서식지에서 사라진 종의 도입(재도입)으로 생태계가 건강하게 복원되도록 한 다음 자연이 스스로 회복할 수 있도록 인간의 관리를 최소화하는 것.
빅 컷 (big cut)	금리 대폭 인하	한 나라의 금융과 통화 정책의 주체가 되는 중앙은행이 기준 금리를 0.25퍼센트 포인트보다 큰 폭으로 하향 조정하는 것.
스몰 컷 (small cut)	금리 소폭 인하	한 나라의 금융과 통화 정책의 주체가 되는 중앙은행이 기준 금리를 0.25퍼센트 포인트 인하하는 것.
블랙 스완 (black swan)	예상 밖 위기	도저히 일어나지 않을 것 같은 일이 실제로 일어나는 현상을 이르는 말. 경제 영역에서 전 세계의 경제가 예상하지 못한 사건으로 위기를 맞을 수 있다는 의미로 사용된다. 미국의 뉴욕 대학교 교수인 탈레브(Taleb, N. N.)가 월가의 허상을 파헤친 동명의 책을 출간하면서 널리 사용되기 시작하였다.
그린 스완 (green swan)	기후발 위기	녹색 백조라는 뜻으로, 기후변화로 인한 경제의 파괴적 위기.
기후플레이션 (climateflation)	기후발 물가 상승	'기후(climate)'와 물가 상승을 뜻하는 '인플레이션(inflation)'을 합친 말. 기후변화로 인한 자연재해나 극한 날씨로 농작물 생산이 감소해 식료품 물가가 오르는 현상.

관혼상제 용어 개선으로 세대 간 소통 활성화

국립국어원, 관련 전문가와 함께 알기 쉬운 말 마련

국립국어원은 어려운 한자 용어와 낯선 외국어로 인해 언어생활에 불편을 끼치고 세대 간 소통에 지장을 주던 관혼상제 용어에 대한 개선안을 마련했다.

국립국어원은 성균관, 한국고전번역원, (사)한국여성단체협의회, (사)한국여성의전화, (사)대한장례지도사협회, (사)한국웨딩플래너협회, 전국국어교사모임 관계자와 국어학자 등으로 이루어진 위원회를 구성, '22년 3월부터 모두 다섯 차례에 걸쳐 검토회의를 개최하였다. 그 후 이 회의에서 마련한 대안어에 대해 학계와 관련 단체, 보건복지부, 여성가족부 등에 의견을 조회한 후 최종적으로 49개의 관혼상제 용어의 대안 용어 목록을 만들었다. 이들은 관례 용어 2개, 혼례 용어 22개, 상례 용어 22개, 제례 용어 3개이다.

이번 제안 목록은 전통을 존중하면서도 언어 표현 때문에 발생할 수 있는 세대나 분야 간 갈등을 방지하는 차원에서 기존 한자 용어와 새로운 쉬운 용어가 공존하도록, 그리고 굳이 쓰지 않아도 될 외래 용어나 거의 쓰지 않아 뜻을 알기 어려운 일부 한자어를 쉬운 우리말로 바꾼 것이다. 예를 들면, 혼례 용어 '웨딩홀'이나 '베뉴'와 같은 외국어는 '예식장'으로 대안어를 마련했고, 의미를 잘 알지 못하고 쓰는 '피로연'은 '피로연(뒤풀이)'으로 나란히 쓰도록 하였다. 또 상례 분야에서 '근조, 부의, 조의'와 같은 말이 쓰이고 있으나 최근에는 그 뜻을 잘 이해하지 못하는 사람이 늘고 있어서 '삼가 명복을 빕니다.'나 '고이 잠드소서.'와 같은 표현으로 대체하도록 대안어를 제안했고, '조의금'이나 '부의금'은 '조의금(위로금)', '부의금(위로금)'을 제안했다.

[붙임] 알기 쉬운 관혼상제 용어(49개)

※ 대체 : 대안어로 바꾸어 쓰기를 권장함
　병기 : 대안어를 ( )에 병기할 것을 권장함(병기할 수 있음)
　← : 대상어가 원래의 원어에서 변한 말임

연번	구분	대상어	원어	뜻	대안어	대체/병기
1	관례	관례	冠禮	성인이 되는 남자에게 어른의 모자를 씌워 주는 의식	성년식, 성년례	병기
2	관례	계례	笄禮	성인이 되는 여자에게 비녀를 꽂아 주는 의식	성년식	병기
3	혼례	내빈	來賓	모임에 공식적으로 초대받고 온 사람	손님	병기
4	혼례	단독홀	單獨hall	단독 건물의 예식장, 또는 호텔의 경우 한 층에 하나의 홀만 있는 경우	단독 식장	대체
5	혼례	드레스 투어	dress tour	드레스 숍을 돌아다니며 결혼식에 입을 드레스를 고르는 것	드레스 탐방	대체
6	혼례	드레스 헬퍼	dress helper	결혼식 때 신부 곁에서 신부의 드레스를 관리하는 사람	드레스 도우미	대체
7	혼례	버진 로드	virgin road	신랑 신부가 결혼식장에서 행진하는 길	행진길	대체
8	혼례	베뉴	venue	'장소'를 뜻하는 말로, 웨딩홀과 같은 뜻	예식장	대체
9	혼례	웨딩홀	wedding hall	결혼식이 이루어지는 장소. 결혼식장	예식장	대체
10	혼례	부케	bouquet	예식 때 신부가 들고 있는 꽃다발	신부꽃	병기
11	혼례	부토니아	–	예식 때 신랑의 턱시도 상의 가슴 주머니에 들어가는 꽃	신랑꽃	병기
12	혼례	상견례1	相見禮	공식적으로 서로 만나 보는 예	첫인사	병기
13	혼례	상견례2	相見禮	결혼식에서 신랑 신부가 서로에게 동등한 예를 갖추어 마주 보고 하는 인사	맞절	병기
14	혼례	셀렉비	←select費	앨범에 들어갈 사진을 고르는 비용	사진 선별비	대체
15	혼례	수모	手母	전통 혼례에서 신부의 단장 및 그 밖의 일을 곁에서 도와주는 여자	폐백 도우미	대체
16	혼례	웨딩 링/웨딩 밴드	wedding ring/wedding band	결혼할 때에, 결혼의 상징으로서 신랑과 신부가 서로 주고받는 반지	결혼반지	대체
17	혼례	웨딩 플래너	wedding planner	결혼을 앞둔 사람들을 대상으로 결혼과 관련된 일을 대행하는 사람	예식 기획자	대체

18	혼례	웨딩홀 패키지	wedding hall package	웨딩홀에서 드레스, 메이크업, 촬영 등 일체를 모두 진행하는 것	예식장 꾸러미	병기
19	혼례	웨딩 홀 투어	wedding hall tour	결혼식장을 정하기 위해 이곳저곳을 다니는 것	예식장 탐방	대체
20	혼례	청첩/ 청첩장	請牒/ 請牒狀	결혼 따위의 좋은 일에 남을 초청하는 글을 적은 것	초대장	병기
21	혼례	코사지/ 코르사주	corsage	양가 혼주와 사회자 및 주례자의 가슴에 다는 꽃	맵시꽃, 차림꽃	병기
22	혼례	피로연	披露宴	혼인 예식 후 하객에게 음식 등을 대접하여 함께 모여 즐기는 일	뒤풀이	병기
23	혼례	피팅비	fitting費	웨딩드레스를 입어 보는 데 지불하는 비용	입어보는 값	대체
24	혼례	헬퍼	helper	결혼식장에서 모든 과정을 도와주는 분	도우미	병기
25	상례	관보	棺褓	관을 덮는 보자기	관보자기	병기
26	상례	굴건제복	屈巾祭服	전통적인 상복	전통상복	병기
27	상례	근조	謹弔	사람의 죽음에 대하여 삼가 슬픈 마음을 나타냄	삼가 명복을 빕니다, 고이 잠드소서	대체
28	상례	부의	賻儀	상가(喪家)에 부조로 돈이나 물품을 보내는 일	삼가 명복을 빕니다, 고이 잠드소서	대체
29	상례	조의	弔意	남의 죽음을 슬퍼하는 뜻을 나타냄	삼가 명복을 빕니다, 고이 잠드소서	대체

※ 조의금(위로금), 부의금(위로금) 봉투나 봉투 속 편지에 '근조', '부의', '조의' 대신에
'삼가 명복을 빕니다.'나 '고이 잠드소서.'와 같은 표현으로
대체해서 쓸 수 있다는 뜻으로 제안하는 것입니다.

30	상례	조의(를) 표하다	弔意	남의 죽음을 슬퍼하는 뜻	애도의 뜻을 표하다	대체
31	상례	근조기	謹弔旗	장례식이나 조문 행사에 사용하는 깃발	위로 깃발	병기
32	상례	기일	忌日	해마다 돌아오는 제삿날	돌아가신 날	병기
33	상례	노제	路祭	발인할 때에, 문 앞에서 지내는 제사	거리 제사	병기
34	상례	발인	發靷	상가(장례식장)에서 영구를 운구하여 장지로 떠나는 일	상가 떠남	병기
35	상례	부고	訃告	고인의 죽음을 알리는 것	장례 알림	병기
36	상례	조의금	弔意金	남의 죽음을 슬퍼하는 뜻으로 내는 돈	위로금	병기
37	상례	부의금	賻儀金	상가에 부조로 보내는 돈이나 물품	위로금	병기
38	상례	부의록	賻儀錄	문상객의 이름과 부의금을 기록한 명부	위로금 명부	병기

39	상례	삼우(제)	三虞(祭)	장사를 지낸 후 세 번째 지내는 제사	첫 성묘	병기
40	상례	영결식	永訣式	장사 지내기 전에, 죽은 사람을 영원히 떠나보낸다는 뜻으로 행하는 의식	고별식	병기
41	상례	영결식장	永訣式場	영결식을 치르는 장소	고별식장	병기
42	상례	영구차	靈柩車	관을 운반하는 자동차	장례차	병기
43	상례	장의사	葬儀師	장례에 필요한 여러 가지 일의 처리를 직업으로 하는 사람	장례지도사	병기
44	상례	출상	出喪	상가(喪家)에서 상여가 떠남	상가 떠남	병기
45	상례	탈상/해상	脫喪/解喪	어버이의 삼년상을 마침	상례 마침	병기
46	상례	호상	護喪	장례에 관한 모든 일을 맡아서 진행하는 사람	장례주관인	병기
47	제례	제수(용품)	祭需(用品)	제사에 드는 여러 가지 재료	제사용품	병기
48	제례	진설	陳設	제사나 잔치 때, 음식을 법식에 따라 상 위에 차려 놓음	상차림	병기
49	제례	철상	撤床	음식상이나 제사상을 거두어 치움	상물림	병기

꼭 가려 써야 할 일본어 투 용어 50개

국립국어원은 573돌 한글날을 맞이하여 일상 언어생활에서 흔히 쓰이고 있는 일본어 투 용어 중 '꼭 가려 써야 할 일본어 투 용어 50개'를 선정하였다.

국립국어원이 이번에 선정한 목록은 "일본어 투 용어 순화 자료집(2005, 국립국어원)"에 실린 1,100여 개의 용어 중 특별히 개선이 시급하며 실생활 속에서 자주 접하게 되는 용어들로 선별한 것이다. 국립국어원 우리말다듬기위원회 위원 15명이 참여하여 선정한 목록에는 '망년회', '구좌', '익일', '가불' 등의 일본식 한자어 20개와 '분빠이하다', '나가리', '쇼부', '쿠사리' 등의 일본어 음차어 30개가 포함되었다.

일본식 한자어(20개 중 일부)	일본어 음차어(30개 중 일부)
• 망년회 → 송년회 • 구좌 → 계좌 • 익일 → 다음 날 • 가불 → 선지급	• 분빠이하다 → 각자내기하다 • 나가리 → 무산 • 쇼부 → 결판 • 쿠사리 → 핀잔

우리나라는 광복 직후부터 국어 순화 정책을 대대적으로 실시해 왔으며, 그 결과 상당한 일본어 투 용어들을 우리말로 정착시키는 데에 성공했다. 그러나 아직도 비공식적인 자리나 특정 전문 분야에서 일본어가 버젓이 쓰이고 있어 개선이 필요한 상황이다. 특히 일상생활에서 쓰는 일본어 음차어는 언중들이 일본어인 것을 인지하고 있지만 재미적인 요소를 위해 사용하는 것들이 대부분이므로 의식적으로 우리말로 바꾸어 쓰려는 노력이 필요하다.

앞으로 국립국어원은 적극적인 홍보를 통해 우리말에 깊숙이 스며들어 있는 일본어 투 용어를 개선하고 아름다운 우리말이 더욱 단단해질 수 있도록 최선의 노력을 다할

예정이다. 또한 국립국어원은 일본어 투 용어 개선을 전문 분야로 확장하여 모든 영역에서 우리말로 소통할 수 있는 환경을 만들기 위해 최선을 다할 것이다.

[붙임] 꼭 가려 써야 할 일본어 투 용어 50개 목록

	일본어 투 용어	권장 표현	일본어 투 용어	권장 표현
일본식 한자어 (20개)	망년회	송년회	거래선	거래처
	견습	수습	종지부	마침표
	모포	담요	대절	전세
	고수부지	둔치	도합	합계
	구좌	계좌	보합세	주춤세
	노견	갓길	불입	납입
	가불	선지급	고참	선임
	가처분	임시 처분	다반사	예삿일
	마대	포대/자루	수취인	받는 이
	익일	다음 날	잔고	잔액
일본어 음차어 (30개)	모찌	찹쌀떡	쓰키다시	곁들이찬
	유도리	융통성	아나고	붕장어
	나가리	무산	가라	가짜
	나와바리	구역	간지나다	멋지다
	단도리	단속/채비	무데뽀	막무가내
	땡땡이	물방울	이빠이	많이/가득
	만땅	가득 (차다/채우다)	곤조	고집/근성
	쇼부	결판	기스	흠/흠집
	와사비	고추냉이	분빠이하다	나누다/각자내기하다
	찌라시	전단지/광고지	사시미	생선회
	가오	체면/무게	와꾸	틀
	쿠사리	핀잔	지리	맑은탕
	노가다	막노동/막일	뽀록나다	들통나다
	대빵	대장	비까번쩍하다	번쩍번쩍하다
	나시	민소매	삑사리	실수/음이탈/헛발질